지구를 살리는
패션 토크 쇼

지구를 살리는
패션 토크 쇼

1판 1쇄 발행 2023년 1월 5일
1판 2쇄 발행 2023년 12월 26일

글 우설리, 고수진
그림 안혜란
발행인 손기주

편집팀장 권유선
편집 장효선 **디자인** 썬더키즈 디자인팀
인쇄 길훈 씨앤피 **세무** 세무법인 세강

펴낸곳 썬더버드
등록 2014년 9월 26일 제 2014-000010호
주소 경기도 의왕시 정우길47. 2층
전화 031 348 2807 **팩스** 02 6442 2807

ISBN 979-11-90869-64-5 (73590)

값은 뒤표지에 있습니다. 잘못된 책은 구입하신 곳에서 바꾸어 드립니다.
썬더키즈는 썬더버드의 아동서 출판브랜드입니다.

| 차례

우미리 TV를 소개합니다! • 8

1회 강으로 흘러가는 독성 폐수

미리 TALK TALK 천연 패션이란? • 14
그날의 이야기 인도 남부에서 사라지는 생명 • 16
지구를 살리는 패션 토크 쇼 몸에 자연을 걸치다 • 22
패션 키워드로 열어 보는 정보 서랍장 천연 소재 섬유 | 친환경 염색 기술 • 28
지구 지킴이 패션 꿀팁
천연 염색을 직접 해 봐요 | 천연 염색 패션으로 입어 볼까요? • 30

2회 동물의 고통이 옷으로

미리 TALK TALK 비건 패션이란? • 34
그날의 이야기 덴마크 모피 농장의 비극 • 36
지구를 살리는 패션 토크 쇼 가짜가 더 빛나는 이유 • 42
패션 키워드로 열어 보는 정보 서랍장 비건 가죽 • 48
지구 지킴이 패션 꿀팁 동물 복지 패션으로 입어 볼까요? • 49

 ## 3회 목화 재배로 메마르는 지구

미리 TALK TALK 미니멀리즘 패션이란? • 52

그날의 이야기 아랄해가 사라진 이유는? • 54

지구를 살리는 패션 토크 쇼 적은 옷으로도 멋쟁이가 될 수 있어 • 60

패션 키워드로 열어 보는 정보 서랍장 의류 공유 서비스 | 미닝 아웃 • 66

지구 지킴이 패션 꿀팁
나만의 캡슐 옷장을 만들어 봐요 | 미니멀리즘 패션으로 코디해 볼까요? • 68

 ## 4회 버려지는 옷은 어디로?

미리 TALK TALK 중고 패션이란? • 72

그날의 이야기 아크라의 쓰레기 언덕 • 74

지구를 살리는 패션 토크 쇼 중고 스타일에 푹 빠져 봐 • 80

패션 키워드로 열어 보는 정보 서랍장 빈티지 패션, 레트로 패션, 구제 패션 | 프리사이클링 • 86

지구 지킴이 패션 꿀팁
온라인 중고 거래에도 매너가 필요해요 | 중고 패션으로 코디해 볼까요? • 88

5회 옷 때문에 뜨거워지는 지구

미리 TALK TALK 업사이클링 패션이란? • 92

그날의 이야기 불구덩이로 던져진 새 옷 • 94

지구를 살리는 패션 토크 쇼 옷에 새로운 생명을 • 98

패션 키워드로 열어 보는 정보 서랍장 순환 경제법 | 패션 팩트 • 106

지구 지킴이 패션 꿀팁
탄소 발자국 줄이는 옷 사용 꿀팁 | 업사이클링 소품을 만들어요 • 108

6회 가난과 환경의 악순환

미리 TALK TALK 공정 무역 패션이란? • 112

그날의 이야기 방글라데시 라나플라자의 붕괴 사고 • 114

지구를 살리는 패션 토크 쇼 사람과 환경을 지키는 공정한 패션 • 120

패션 키워드로 열어 보는 정보 서랍장 세계 공정 무역의 날 | 공정 무역 거래 10원칙 • 126

지구 지킴이 패션 꿀팁
나만의 패션 원칙을 만들어요 | 공정 무역 패션 소품으로 꾸며 볼까요? • 128

부록 우미리의 단골 세탁소 • 130

안녕하세요! 옷 좀 입는 우미리예요.

우리의 지구가 점점 뜨거워지고 있어요. 우리가 입고 버리는 옷이 지구를 힘들게 하고 있거든요. 옷을 생산하는 회사는 패스트푸드처럼 빠른 속도로 많은 옷을 만들어 내요. 사람들이 유행에 따라 옷을 사고, 버리는 일이 잦아지면서 환경은 점점 더 빛을 잃어가고 있지요. 그래서 전 세계는 지속 가능한 환경을 만들기 위해 노력하고 있어요.

이제부터 우리도 지구 지킴이가 되어서 여기에 동참하면 어떨까요? 나만 멋지게 꾸미는 것이 아니라 우리가 사는 지구도 아름답게 지키는 거지요. 환경을 생각하며 옷을 입는 사람이야말로 옷 좀 입을 줄 아는 진짜 멋쟁이라고 할 수 있답니다. 그 방법이 궁금하다면 '우미리 TV' 구독! 누르고, 6회까지 시청하셔야 한다는 거 잊지 마세요!

: : 미리 TALK TALK

패션 용어에 대해 알아보는 코너예요.

천연 패션, 비건 패션, 미니멀리즘 패션, 중고 패션, 업사이클링 패션, 공정 무역 패션 등 아리송한 패션 용어들을 쉽게 정리해 볼게요.

: : 그날의 이야기

인도 노이얄강, 덴마크 유틀란트, 중앙아시아 아랄해, 가나 아크라, 영국의 명품 브랜드 창고, 방글라데시 다카에서 어떤 일이 벌어졌을까요?

옷 때문에 벌어진 그날의 이야기를 생생하게 들려줄게요. 우리가 왜 착한 옷을 입어야 하는지 알 수 있을 거예요.

∷ 지구를 살리는 패션 토크 쇼

의류 쓰레기로 인한 환경 문제가 심각하지만 완전히 절망하긴 일러요. 세계 곳곳에서 많은 사람들이 지구를 살리려고 노력하고 있거든요. 각 나라에서 어떤 일이 일어나고 있는지, 패션 업계는 어떤 노력을 하고 있는지 알아봅니다.

토크 쇼를 함께할 게스트 두 분을 소개할게요.

패션디자이너 지나: 안녕하세요. 패션디자이너 지나예요. 저는 디자인을 할 때 아름다움만 생각하지 않아요. 지구에는 환경을 생각하는 디자인이 필요하지요.

패션전문기자 알렉산드로: 패션전문기자이면서 환경 문제에 관심이 많은 알렉산드로입니다. 패션과 관련된 일이라면 지구 어디든 달려가죠. 수많은 곳을 다니며 보고 느낀 점을 여러분과 얘기하고 싶군요.

:: 패션 키워드로 열어 보는 정보 서랍장

패션 키워드로 정보 서랍장을 열어 보세요. 지구 지킴이가 알아 두면 좋을 알찬 정보들이 가득 들어 있어요.

:: 지구 지킴이 패션 꿀팁

옷을 진짜 멋지게 입는 것은 근사하게 꾸미는 게 전부가 아니에요. 먼저 환경에 좋은 옷을 골라야 하죠. 또 내가 가진 옷을 마구 버리지 않아야 해요. 그렇게 하려면 옷장을 잘 정리하는 방법과 옷을 깔끔하게 오래 입는 방법이 꼭 필요하겠죠? 지구 지킴이 여러분을 위한 패션 꿀팁을 자세히 알려 줄게요.

1회

강으로 흘러가는 독성 폐수

 옛날 사람들은 어떤 방법으로 옷에 색을 입혔을까?

 자연에서 구한 재료로 색을 냈을 것 같아!

 맞아. 자연에서 구한 재료로 옷에 색을 입히는 걸 천연 염색이라고 해.

 자연에서 나온 재료라면, 꽃, 나무, 풀 같은 걸 말하는 건가?

 식물을 가장 많이 이용했고, 오징어 먹물처럼 동물에서도 색을 뽑아 썼지.

 그런데 왜 인공적으로 색을 내는 화학 염료를 쓰게 된 거야?

 자연물에서 색을 뽑으려면 시간과 노력이 많이 필요했거든.

 그래서 천연염료로 염색한 옷이 점차 줄어들었구나.

 하지만 최근 들어서는 천연염료를 사용한 옷이 많아지고 있어.

 이번에는 왜?

 화학 염료의 독성 때문이야.
그 독성이 강이나 바다로 흘러 들어가서 환경을 오염시키고,
사람들의 건강에도 문제를 일으켰거든.

 화학 염료를 사용한 옷을 많이 입을수록
내 몸에도 자연에도 좋지 않을 것 같아.

그날의 이야기
인도 남부에서 사라지는 생명

∷ 인도 노이얄강에 어떤 일이?

"강에서 썩는 냄새가 나요."

"이 강물로 농사를 지으면 농작물이 죽어 버린다니까요."

인도 남부 타밀나두에는 노이얄강이 흐르고 있어요. 그런데 언제부터인지 이 강물에 하얀 거품이 부글거리기 시작했어요. 마치 누군가 세제를 잔뜩 풀어놓은 것 같았지요. 게다가 깨끗하고 맑았던 강물은 점점 시커멓게 변했어요. 그뿐이 아니에요. 물고기들은 떼죽음을 당한 채 강물에서 썩은 냄새를 풍겼어요.

강 주변의 땅 역시 메말라 쩍쩍 갈라지기 시작했어요. 그러더니 더 이상 식물이 살 수 없는 황무지가 되었지요. 이곳의 농작물은 수확도 하기 전에 대부분 병에 걸려 죽고 말았어요. 코코넛은 겨우 맺히나 싶었지만 원래 크기보다 훨씬 작거나 나무에 달린 채 썩는

경우가 많았지요. 사람들은 절망에 빠졌어요.

이곳은 원래 쌀과 바나나, 코코넛, 강황 등이 잘 자라던 곳이에요. 아이들은 노이얄강에서 수영을 하며 즐겁게 놀기도 했었지요. 하지만 이제는 더 이상 풍요로웠던 자연과 깨끗했던 강물을 볼 수 없어요.

노이얄강은 도대체 무슨 이유로 생명이 살 수 없는 강이 되었을까요?

::티루푸르에서 독성 폐수가 흘러나오다

알고 보니 노이얄강과 그 주변에 생긴 문제는 티루푸르 지역에서 시작된 거였어요. 티루푸르는 세계에서 가장 많은 옷이 만들어지는 곳 중 하나예요. 여러분이 입고 있는 옷에 'made in India'가 찍혀 있다면, 그 옷은 티루푸르에서 만들어졌을 확률이 높지요. 하지만 이 옷을 만들기 위해 티루푸르의 자연은 엄청난 대가를 치러야 했어요. 티루푸르에 있는 염색 공장들이 폐수를 불법으로 노이얄강에 흘려보냈기 때문이에요.

염색은 옷을 만들 때 필요한 과정이에요. 그런데 염색할 때 사용된 물은 화학 염료가 섞여 있기 때문에 오염되어 있지요. 이 때문에 염색 공장은 염료가 섞인 물을 반드시 정화하여 내보내야 하지요. 하지만 티루푸르에 있는 염색 공장 중 700여 곳은 오염된 물을 정화하지 않고 그대로 노이얄강으로 흘려보냈어요. 하루에 8,700만 리터나 되는 양을 말이죠. 2007년에 인도의 한 환경 단체가 이 사실을 밝혀냈답니다.

극심하게 더러워진 강은 농사를 망치게 하고, 식수를 오염시키고, 사람들을 병들게 했어요. 결국 노이얄강 근처에 살던 사람들은 하나둘 정든 집을 떠날 수밖에 없었어요. 얼마 지나지 않아 마을에는 폐가만 수두룩하게 남았지요.

인도의 환경 운동가 프리트비라지가 이 문제를 해결하려고 나섰어요. 그는 수년간의 노력 끝에 폐수를 흘려보낸 염색 공장을 폐쇄하라는 법원의 판결을 받아 냈지요. 그렇다면 그 후 노이얄강은 푸른 물결을 되찾았을까요? 안타깝게도 그렇지 못해요. 한번 썩은 강물이 깨끗해지기는 정말 어렵거든요.

강을 오염시키고 있는 공장 폐수

게다가 법원의 판결 후에 불법으로 폐수를 내보내던 티루푸르 지역의 공장을 규제하자, 쿠달로르라는 도시에 불법 염색 공장이 우후죽순으로 생겨나 버렸어요. 이곳에서도 화학 물질이 가득한 폐수가 그대로 흘러나와 강을 오염시켰지요. 안타깝게도 쿠달로르의 주민들은 화학 물질의 독성때문에 다른 지역 주민들에 비해 암에 걸릴 확률이 2,000배나 된다고 해요.

강과 바다를 오염시키는 화학 섬유

우리가 입는 옷은 크게 두 종류의 섬유로 만들어져요. 약 30퍼센트는 천연 섬유, 약 70퍼센트는 화학 섬유지요. 천연 섬유는 목화에서 뽑아낸 면, 동물의 털로 만든 모, 누에고치에서 뽑아낸 실크처럼 천연물로 이루어진 섬유예요. 화학 섬유는 석유, 석탄을 화학적으로 합성해서 만든 섬유를 말해요. 폴리에스터 섬유가 대표적이지요.

그런데 이 화학 섬유가 강과 바다의 환경을 심각하게 파괴하고 있어요. 강이나 바다에 떠다니는 미세 플라스틱 중 35퍼센트가 화학 섬유에서 나온 것이에요. 우리가 옷을 빨 때마다 화학 섬유에서 나온 수십만 개의 미세 플라스틱이 강과 바다로 흘러가기 때문이에요.

강과 바다에 있는 미세 플라스틱은 수중 생물의 몸에 차곡차곡 쌓여요. 미세 플라스틱은 썩거나 녹지 않기 때문에 수중 생물을 잡아먹은 다른 생물의 몸에 그대로 옮겨가지요. 그래서 새우나 물고기 등 다양한 수중 생물을 음식으로 섭취하는 사람의 몸에도 미세 플라스틱이 쌓이고 있답니다.

화학 섬유에서 나온 미세 플라스틱이 수중 생물의 몸에 쌓여요.

몸에 자연을 걸치다

입으면 얼굴이 환하게 보이는 상큼한 노란색과 청바지의 조합은 진리! 그런데 예쁜 색깔이 바다와 강, 우리 몸을 못살게 하고 있다고요? 이러면 아무리 멋진 색이라도 지구 지킴이의 선택을 받기 어렵죠. 이제 환경도 우리 몸도 지킬 수 있는 예쁜 색을 찾아야 해요. 우린 소중하니까요!

우미리: 화학 섬유나 화학 염료가 바다와 강을 위협하고 있는데요. 환경에 해가 되지 않는 방법은 없을까요? 환경을 이렇게 해치면서까지 화학 염료를 사용해야 할까요?

패션디자이너 지나: 그래서 요즘은 화학 염료 대신에 천연염료로 염색하는 패션 브랜드가 많아지고 있어요. 천연 염색은 자연 염색이라고도 하는데, 꽃과 나무, 풀, 흙, 벌레, 조개 등의 천연 재료로 염색하는 것을 말해요. 화학 성분이 들어 있지 않기 때문에 환경

에도 좋고 우리 몸에 닿아도 문제를 일으키지 않아요. 천연 염색은 주로 아기 옷이나 이불에 쓰이고 있어요.

우미리: 좋은 방법이 있는데 왜 지금까지 화학 염료로 옷을 만들었던 거죠?

천연 염색은 천연 재료를 사용해요.

패션전문기자 알렉산드로: 19세기 중반까지만 해도 식물이나 광물에서 염료를 얻었어요. 우리나라는 《삼국사기》에도 나와 있을 만큼 천연 염색의 역사가 아주 오래 되었어요.

그러나 천연염료는 재료가 제한적이고 염료를 추출하는 과정도 복잡해요. 자연물이기 때문에 시간이 지나면서 색과 품질이 변해 버리는 문제도 있고

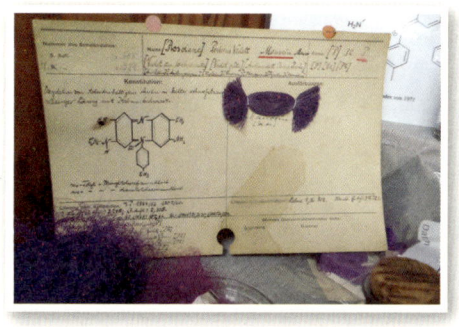
윌리엄 퍼킨이 개발한 세계 최초의 화학 염료의 샘플

요. 또 반복 과정을 거쳐야 하기 때문에 시간과 노동력이 많이 들어요. 예를 들어 보라색 염료 1그램을 얻으려면, 바다 뿔고둥 약 1만 마리가 필요해요. 그런데 염료 1그램으로는 손수건 한 장도 염색하기 어려워요.

그러다 1856년에 영국의 윌리엄 퍼킨이라는 사람이 화학 염료를 개발했고, 산업화로 옷을 대량 생산하게 되면서 자연스럽게 천연 염료는 밀려나게 된 거예요.

우미리: 화학 염료는 사람들에게는 편리하지만 바다와 강에는 독이 되었네요. 이제는 조금 불편해도 환경을 생각

하는 천연 염색으로 옷을 만들어야 하지 않을까요?

패션디자이너 지나: 물론입니다. 이제는 환경을 생각하지 않고는 살아갈 수 없으니까요. 하지만 당장 천연 염색으로 완전히 대체하기는 어렵기 때문에 염색 폐수를 줄이는 다양한 방법이 필요하답니다. 현재 전기나 물을 최소한으로 사용해서 염색을 하는 기업도 있어요. 또한 물을 전혀 오염시키지 않고 염색하는 기술을 개발한 기업도 있답니다.

우미리: 정말요? 신기해요. 그게 가능한가요?

패션디자이너 지나: 네, 신기하죠? 다이쿠(DYECOO)라는 네덜란드의 염색 회사는 물을 한 방울도 사용하지 않고 염색하는 기술을 개발했어요. 이산화 탄소를 액체와 기체의 중간 상태로 만들어 염색에 이용하는데, 염색 폐기물도 거의 나오지 않아요.

이제 시청자 여러분의 댓글을 살펴볼까요?

> **멍뭉이:** 화학 염색도 문제지만 화학 섬유도 문제 아닌가요?
>
> **야호야호:** 세탁을 하면 미세 플라스틱이 정말 많이 나온다던데.

우미리: 멍뭉이 님과 야호야호 님이 잘 지적해 주셨어요. 강과 바다

를 오염시키는 것이 염색만은 아니잖아요. 옷을 세탁하기만 해도 옷에서 나온 미세 플라스틱이 바다를 오염시키고 있으니 말이에요.

패션전문기자 알렉산드로: 옷을 세탁할 때 미세 플라스틱이 나온다고 해서 옷을 빨지 않고 살수는 없죠. 하지만 옷감에서 떨어져 나오는 미세 플라스틱 양을 줄일 수 있는 방법은 있습니다. 옷을 손상시키지 않는 방법으로 세탁하는 것이지요. 낮은 온도의 물로 되도록 짧은 시간 동안 세탁하면 된답니다.

패션디자이너 지나: 또 옷을 모아서 한꺼번에 세탁하는 것도 방법이에요. 세탁물의 양이 많을수록 옷끼리 부딪치는 마찰이 적어지기 때문에 미세 플라스틱이 적게 나온다는 연구 결과가 있어요.

우미리: 세탁 방법도 신경 써야겠어요. 그런데 미세 플라스틱이 발생하는 화학 섬유의 옷을 앞으로도 계속 입어야 하는 걸까요? 섬유 자체가 친환경적이라면 좋을 텐데요.

패션전문기자 알렉산드로: 화학 섬유를 대신할 친환경 섬유에 관한 연구는 오래전부터 이루어져 왔어요. 그런데 최근 들어서 화학 섬유에 필요한 화석 연료가 고갈되고 있고, 환경 오염, 피부 질환 등의 문제가 심각해지다 보니 천연 소재 섬유가 다시 주목받고 있지요.

패션디자이너 지나: 맞아요. 바나나, 옥수수, 마, 천연 펄프, 쐐기풀,

콩 등을 사용해 만든 다양한 천연 소재 섬유가 있어요. 또 보통 천연 소재 섬유 하면 식물을 떠올리지만, 동물성 소재 섬유도 있답니다. 거미줄의 유전자를 사용해 만든 거미 실크와 우유의 단백질 성분으로 만든 섬유도 있지요. 앞으로 천연 소재 섬유로 만든 옷이 많이 만들어지면 좋겠네요.

우미리: 옷을 살 때 환경에 도움이 되는 소재인지도 살펴봐야겠어요.

패션 키워드로 열어 보는
정보 서랍장

자연에서 구한 재료로 환경과 몸에 이롭게 [천연 소재 섬유]

• **식물성 소재 섬유:** 바나나 줄기 추출물로도 섬유를 만들어요. 바나나 나무는 일생에 한 번만 열매를 맺어요. 새로운 열매를 맺게 하려면 줄기를 잘라 버릴 수밖에 없지요. 해마다 버려지는 바나나 줄기는 10억 톤에 달해요. 바나나 줄기와 잎을 이용해 만든 섬유는 쓰레기도 줄이면서 100퍼센트 생분해되는 친환경 소재랍니다. 주로 가방이나 지갑 등의 소품에 사용되지요.

바다의 해조류를 이용해서 만든 섬유도 있어요. 해조류의 영양소가 섬유에 담겨 있어 몸에 좋은 영향을 미치지요.

바나나 섬유를 만드는 모습 ⓒBANANATEX

이 밖에도 전염성 질환을 막아 주는 한지나 닥나무를 이용하거나, 콩·옥수수·감자로 만든 섬유도 있어요.

• **동물성 소재 섬유:** 거미줄은 같은 무게의 강철보다 무려 5배나 튼튼하고, 탄성력은 방탄조끼의 재료인 케블라보다도 뛰어나요. 천연 섬유로 활용하기에 최적의 재료라고 할 수 있지요. 하지만 거미는 동족끼리 싸우거나 잡아먹는 습성이 있기 때문에 한 공간에서 대량으로 키울 수 없어요.

그래서 과학자들은 거미줄을 얻을 수 있는 새로운 방법을 연구했어요. 바로 염소에게 거미줄 단백질을 만드는 유전자를 이식하는 거예요. 이 기술로 염소젖에서 거미줄 단백질을 추출하여 섬유를 만들 수 있게 되었지요. 이렇게 만든 거미줄 섬유는 매우 가볍고 튼튼하기 때문에 군복을 비롯해 우주 항공 분야, 의료 분야에 사용될 수 있게 계속 연구하고 있답니다.

한 방울의 물도 사용하지 않아요 [친환경 염색 기술]

다이쿠(DYECOO)라는 네덜란드의 염색 회사는 2012년에 나이키와 함께 물 대신 이산화 탄소를 이용해 염색한 옷을 만들었어요. 이산화 탄소는 기체지만 일정한 온도와 압력을 가하면 기체도 액체도 아닌 초임계 상태(물질의 상태가 다르게 되는 경계를 넘어간 상태)의 이산화 탄소가 만들어져요. 이 상태가 되면 기체처럼 투과성이 좋고, 액체처럼 물질을 녹일 수도 있지요. 염료가 녹아 있는 초임계 상태의 이산화 탄소가 섬유에 닿으면 고르고 선명하게 색이 입혀져요.

보통 화학 염색을 하고 나면 화학 물질이 섞여 있는 염색 폐수가 나와서 이를 정화하는데 막대한 비용이 들어요. 그래서 염색 회사들이 개발 도상국에 불법 공장을 세워 폐수를 버리는 일이 많은 거지요.

이산화 탄소 염색 기술은 물을 사용하지 않기 때문에 강이나 바다를 오염시키지 않아요. 게다가 산업 현장에서 나오는 이산화 탄소를 재활용하기 때문에 실제로 배출되는 이산화 탄소의 양이 거의 없어요. 경제적이면서 친환경적이지요.

우리나라는 2017년에 섬유의 도시인 대구시와 다이텍 연구원의 지원으로 대구의 한 기계 회사(대주기계)에서 이산화 탄소로 염색하는 기술을 개발했어요.

지구 지킴이 패션 꿀팁

천연 염색을 직접 해 봐요

얼룩이 묻어서 더 이상 입지 못하는 흰 티셔츠가 있다면 버리지 말고 천연 염색으로 꾸며 봐요. 집에서 쉽게 할 수 있는 천연 염색 키트가 많아요. 옷을 염색하기 전에 손수건으로 간단하게 연습해 볼까요?

준비물: 백반 가루, 치자 가루, 고무줄, 막대기, 손수건, 종이컵

1. 뜨거운 물을 종이컵에 절반 정도 채운 후 치자 가루를 넣어요.

2. 막대기로 충분히 저어서 치자 가루를 녹여요.

3. 모양을 내기 위해 손수건을 고무줄로 묶어요.

4. 치자 물이 담긴 컵에 손수건을 넣어요. 막대기를 사용해 적셔 준 다음 10분 동안 두어요.

5. 새 종이컵에 찬물을 $\frac{1}{3}$ 정도 채우고 백반 가루를 녹여요.

6. 막대기로 손수건을 꺼내어 백반 가루를 녹인 컵에 10분간 담가 두어요.

7. 손수건을 맑은 물로 여러 번 헹궈요.

천연 염색 손수건 완성!

나만의 천연 염색 티셔츠도 만들어 보세요.

천연 염색 패션으로 입어 볼까요?

천연염료로도 다양한 색을 낼 수 있어요. 예쁜 색상의 천연 염색 옷으로 멋지게 꾸며 봐요.

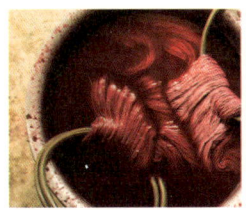 

붉은색: 홍화, 소목, 코치닐   푸른색: 쪽, 청대

노란색: 메밀, 치자   보라색: 동백, 포도, 자초

- 천연 염색은 수작업으로 하기 때문에 염색한 옷의 느낌이 모두 달라요. 공장에서 똑같이 뽑아내는 옷과는 다른 매력이 있지요.

- 천연 염색 신발이 흔하지는 않지만 치자로 물들인 운동화도 있답니다.

- 천연 염색한 생활한복에도 도전해 보세요. 예전에는 황토색이 대부분이었지만 요즘은 은은하고 예쁜 색상이 많아졌어요.

2회
동물의 고통이 옷으로

 옷에도 비건(채식주의자)이 있다는 거 알고 있어?

 그럼 채소를 입는 거야?

 털이나 가죽, 울 등 동물성 소재의 옷감을 사용하지 않는 것을 말해. 동물성 소재의 옷감을 구하려고 동물을 학대하는 경우가 많거든.

 죽은 동물의 털이나 가죽으로 옷을 만들면 되잖아?

 살아있는 동물의 털과 가죽을 이용하니까 문제지.

 말도 안 돼! 동물도 고통을 느낄 텐데.

 밍크는 사람에게 따뜻한 털을 제공하기 위해 밍크 농장에서 평생 동안 갇혀 지내.

 그렇게 동물을 괴롭혀야 따뜻한 옷을 입을 수 있는 거야?

 그렇지 않아. 인조 모피나 인조 가죽으로 대신할 수도 있고, 식물성 소재의 가죽도 개발되고 있거든.

 아하, 비건 패션은 옷에서 동물을 배제하자는 뜻으로 생긴 말이구나.

 맞아. 이제 옷을 살 때, 동물의 고통이 담긴 옷인지 잘 살펴보고 골라야겠지?

그날의 이야기
덴마크 모피 농장의 비극

∷ 무덤에서 튀어나온 밍크

"땅에서 솟아오른 모습이 마치 좀비 같았어요!"

2020년 11월의 어느 날, 덴마크의 유틀란트에서 수천 마리의 동물 사체들이 땅을 뚫고 솟아올랐어요. 죽은 동물이 다시 살아난 것처럼 오싹한 모습이었어요..

과연 땅속에 묻혀 있던 동물의 정체는 무엇이었을까요? 정말 좀비였을까요? 그것은 코로나 바이러스에 걸려 살처분된 밍크였어요. 이 일이 있기 얼마 전, 덴마크 정부는 수천 마리의 밍크를 한꺼번에 묻게 했어요. 덴마크 북부의 밍크 농장에서 코로나에 걸린 밍크들이 바이러스 변이를 일으켜 사람에게 전파했거든요. 덴마크 정부는 1,700만 마리에 달하는 밍크를 살처분하라는 명령을 내렸어요.

그런데 밍크를 묻는 과정에서 문제가 생겼어요. 사체가 너무 많다 보니 땅속 깊이 묻기 힘들었던 거예요. 어쩔 수 없이 1미터 정도로 얕은 땅에 밍크 사체를 묻었어요.

밍크 사체는 땅속에서 점점 부풀어 올랐어요. 부패하면서 사체 안

에서 발생한 가스 때문이었지요. 그렇게 부풀어 오른 밍크 사체는 얇게 덮혀 있던 흙을 들썩거리며 밀어내더니 급기야 땅을 뚫고 솟아올랐던 거예요.

:: 밍크의 털을 얻기 위해

밍크는 족제비와 비슷하게 생긴 동물이에요. 냇가나 호수 같은 물가에 살면서 쥐, 새, 개구리 등을 잡아먹지요. 뒷발에 작은 물갈퀴가 있어서 물속에 뛰어들어 물고기를 사냥하기도 해요. 하지만 덴마크에서 살처분된 밍크는 야생에서 살던 밍크가 아니었어요. 모피 농장에서 평생을 갇혀 살던 밍크들이었지요.

우리에 갇힌 밍크

야생 동물인 밍크가 왜 이렇게 갇혀 살아야 했을까요? 그건 바로 사람들이 밍크 모피로 만든 옷을 좋아하기 때문이에요. 밍크 모피는 다른 동물의 털보다 따뜻하고 부드럽거든요. 그래서 사람들은 밍크 모피를 쉽게 얻으려고 모피 농장에 밍크를 가두어 키운 거지요.

덴마크는 세계에서 밍크 모피를 가장 많이 만드는 나라 중 하나에요. 어림잡아도 1,000개가 넘는 농장에서 1,500만~1,700만 마리의 밍크를 사육하고 있었지요.

하지만 야생에서 살아야 하는 밍크를 좁고 더러운 우리에 가둬 놓고 키우다 보니, 밍크의 건강이 좋을 리가 없었어요. 이미 약해진 몸은 코로나 바이러스에 쉽게 걸릴 정도로 취약했고, 우리들이 다닥다닥 붙어 있다 보니 전염 속도도 매우 빨랐지요.

결국 모피 농장의 밍크는 열악한 환경에서 고통스럽게 살다가 처참한 죽음을 당한 거예요. 따뜻하고 부드러운 털옷을 가지고 싶다는 사람들의 욕심 때문에 생긴 일이지요.

:: 모피 농장에 갇힌 동물들

모피 코트 한 벌에 동물 수십 마리가 희생돼요.

모피 옷 한 벌을 만들기 위해선 아주 많은 동물들의 희생이 필요해요. 모피 코트 한 벌을 만들려면, 밍크는 60마리, 라쿤은 40마리, 여우는 42마리가 필요하지요. 그러다 보니 모피 농장에서는 비좁은 우리에 동물들을 최대한 몰아넣고 키우고 있어요. 한 마리라도 더 키울 욕심으로 말이지요.

　야생에서 마음껏 뛰어다녀야 할 동물들이 움직이기도 힘든 상태로 갇혀 있다 보니, 우리 안에서 동물들이 겪는 고통은 상상을 초월해요. 어떤 동물들은 숨도 제대로 쉬지 못해요. 사람들이 털의 양을 늘리기 위해 억지로 먹이를 먹인 탓에 몸집이 2~5배나 불어났거든요. 암컷들은 끊임없이 새끼를 낳는 고통에 시달리기도 해요. 이상 행동을 보이는 동물도 많아요. 우리 안을 하염없이 빙빙 돌기도 하고, 자신의 털을 뽑거나 신체의 일부를 뜯어먹기도 해요. 심지어 스스로 목숨을 끊는 동물도 있어요.

　모피 농장은 인간에게 털을 제공하기 위해 굴러가는 공장이나 마찬가지예요. 그래서 모피 농장에서 동물을 키우는 것을 공장식 축산이라고 부르기도 하지요.

　이스라엘은 사람들이 동물에게 잔인하게 행동한 것을 반성하며 모피 금지법을 만들었어요. 이 나라에서는 2021년 12월부터 동물의 털이 들어간 옷, 가방, 신발 등을 팔 수 없답니다. 국가 차원에서 이런 조치가 이루어진 것은 처음이에요. 이로써 이스라엘은 모피 판매를 금지한 최초의 나라가 됐어요.

울도 고통 속에서 탄생해요

양의 꼬리 주변 털을 자르는 모습
ⓒAustralian Public Broadcasting Agricultural Fair, Dubbo NSW

울은 양털을 깎아서 만든 옷감이에요. 메리노라는 양의 털로 많이 만들지요. 메리노는 원래 존재하지 않았던 종인데, 사람들이 양털을 많이 얻으려고 개량해서 생겨났어요. 메리노는 털이 너무 많아서 엉덩이 사이에 습기가 차요. 그러다 보니 구더기가 생겨서 자꾸 양의 엉덩이를 파먹었지요. 사람들은 구더기가 생기는 것을 막기 위해 뮬싱(mulesing)을 했어요. 뮬싱은 마취를 하지 않은 채 양 엉덩이의 생살을 도려내는 일이에요. 메리노는 사람들에게 따뜻한 털을 제공하기 위해 끔찍한 고통을 겪고 있는 거예요.

가짜가 더 빛나는 이유

좌르르 흐르는 윤기, 포근한 감촉, 강추위에도 끄떡없는 동물의 털! 멋지고 따뜻하다고 해서 생각 없이 동물의 털을 입으면 안 되겠어요. 하지만 털과 패딩을 포기하는 건 겨울 멋쟁이를 포기하는 건데, 어쩌죠?

우미리: 옷을 만드는 과정에서 동물들이 더 이상 피해를 당하지 않게 해야 해요. 하지만 털옷은 입고 싶은데 어떻게 해야 하죠?

패션디자이너 지나: 동물 모피는 동물을 학대하는 과정으로 만들어진 옷이죠. 대안으로 떠오른 것이 인조 모피예요. 동물의 털처럼 보이지만 사실은 화학 섬유랍니다. 그래서 페이크 퍼(fake fur), 즉 가

짜 털이라고 부르기도 해요. 진짜와 구분되지 않을 정도로 비슷한 데다 색상과 디자인은 동물 모피보다 훨씬 다양하지요.

우미리: 그럼 이제 인조 모피를 입으면 되겠네요!

패션디자이너 지나: 인조 모피가 무조건 좋다는 뜻은 아니에요. 동물의 희생은 없지만 다른 문제가 있어요. 바로 환경에는 좋지 않다는 거예요. 인조 모피는 화학 섬유인 모드아크릴릭 파이버로 만들어지는데, 그 과정에서 화학 물질과 이산화 탄소가 배출돼요. 또 세탁할 때에는 미세 라스틱이 나오지요.

**패션전문기자 알렉산드로:** 인조 모피는 분해되는 데 수백 년이 걸릴 수도 있어요. 환경을 생각하면 아직까지 완벽한 대안은 아니랍니다.

우미리: 가죽 점퍼도 마찬가지겠네요. 동물 가죽 대신에 인조 가죽을 많이 입잖아요. 인조 가죽 역시 환경에 나쁜 영향을 주는 거죠?

패션전문기자 알렉산드로: 맞아요. 인조 가죽은 가격이 저렴하고 대량 생산이 가능하기 때문에 많은 사람들이 입고 있어요. 하지만 인조 가죽 역시 화학 섬유예요. 생산 과정에서 각종 화학 제품이 들어가기 때문에 독성 물질이 발생해요.

우미리: 좋은 방법이 생각났어요. 죽은 동물의 가죽을 이용하면 되지 않나요? 동물을 희생시키지 않고 화학 섬유도 아니니까요.

무두질에는 여러 가지 화학 약품이 사용돼요.
ⓒBernard Gagnon

패션디자이너 지나: 그렇게 생각하기 쉽지만, 죽은 동물의 가죽은 부패가 잘 돼요. 그래서 가죽에서 단백질 성분과 기름, 잔털을 긁어내는 무두질을 해요. 무두질에 쓰이는

약품들은 물을 오염시킬 뿐만 아니라 사람에게도 해로워요. 그래서 새로운 대안으로 요즘은 비건 가죽이 개발되고 있어요. 천연 식물성 소재인 파인애플, 선인장, 버섯을 이용해 가죽을 만드는 거예요.

우미리: 패딩에는 거위나 오리의 털이 들어가는데 이건 괜찮나요?

패션디자이너 지나: 패딩 속에 들어가는 소재를 '충전재'라고 해요. 보통 솜, 인공 충전재, 조류의 털이 쓰여요. 그런데 털을 구하는 방식이 문제가 되고 있어요. 살아 있는 조류의 털을 마취도 없이 마구잡이로 뽑거든요.

우미리: 살아 있는 조류의 털을 뽑는다고요? 너무 잔인해요!

패션전문기자 알렉산드로: 가죽이나 다른 동물의 털을 채취할 때도 그런 방식을 사용한다고 해요. 라이브 플러킹이라고 부르는데, 이 과정에서 동물의 피부가 뜯겨 나가기도 하지요.

긴 패딩 한 벌에는 10~15마리의 거위털이 사용돼요. 거위나 오리는 이런 고통을 6주 간격으로 당한답니다. 죽을 때까지 말이에요. 지금껏 우리는 이렇게 잔인하게 만들어진 옷을 입었던 거죠.

우미리: 제가 입는 따뜻한 패딩에 동물들의 고통이 들어 있는 줄 몰랐어요. 그렇다면 죽은 동물의 털을 사용하는 것은 어떤가요?

패션디자이너 지나: 동물 학대와 동물 실험을 하지 않은 재료를 사용하거나, 죽은 동물의 털을 사용하는 방법도 있어요. 동물성 옷감을 완전히 배제하는 비건 패션과는 구분되지만, 동물의 복지를 생각하는 패션이라는 점에선 비건 패션과 비슷한 점이 있지요.

패션전문기자 알렉산드로: 패딩에 RDS 마크가 있는지 확인해 보세요. 동물 학대를 하지 않고 만든 패딩 제품에 붙는 마크거든요. 2014년에 미국의 한 브랜드와 친환경 인증 전문 업체인 컨트롤 유니온, 비영리 단체인 텍스타일 익스체인지가 공동으로 연구해서 만들었어요.

윤리적인 방법으로 만들어진 다운 패딩에는 RDS 마크가 있어요.

우미리: 옷을 고를 때 꼭 확인해 봐야겠어요. 동물을 위해 비건 패션을 입는 사람들이 많아지고 있는데 패션 업계는 어떤가요?

패션디자이너 지나: 패션 업계도 물론 변하고 있어요. 세계 4대 패션쇼 중 하나인 런던 패션 위크는 2018년부터 모피로 만든 옷을 무대에 올릴 수 없어요. 저 역시 환경에 나쁘고 동물의 생명을 위협하는 옷은 만들지 않으려고 합니다. 저와 생각이 같은 디자이너들도 점점 많아지고 있지요.

우미리: 여러분의 의견도 들어 볼까요?

> **꼬미:** 제 패딩 모자에 토끼털이 달렸어요. ㅜㅜ 버려야 할까요?
>
> **지루:** 헉. 우리 집에도 있는데…….
>
> **하하호호:** 오늘부터 사지 않겠음.
>
> **파란냥:** 입을 때마다 동물 생각이 날 것 같아요. 반성합니다.
>
> **고질라:** 부모님께도 알려 드려야겠어요.

패션전문기자 알렉산드로: 무조건 버리는 것이 좋은 방법은 아니에요. 쓰레기가 돼서 땅속에 묻히면 땅이 오염되니까요. 가지고 있는 옷을 버리기보다는 앞으로 동물의 고통이 담긴 옷을 사지 않는 것이 중요해요.

패션디자이너 지나: 하하호호 님과 고질라 님처럼 옷을 살 때 환경과 동물을 생각하는 소비자가 많아지고 있어요. 앞으로 패션 회사나 디자이너도 착한 옷을 만들기 위해 더욱 노력해야겠어요.

패션 키워드로 열어 보는
정보 서랍장

더 이상 동물 가죽은 필요 없어요! [비건 가죽]

선인장 가죽으로 만든 지갑

• **선인장 가죽:** 멕시코 출신 사업가인 아드리안 로페스 벨라데즈와 마르테 카자레즈가 인조 가죽이 환경을 오염시키는 것이 안타까워 만들었어요. 멕시코에서 흔한 선인장은 튼튼하고 생명력이 강해요. 섬유질이 풍부하기 때문에 메마른 지역에서도 잘 자라고 물도 많이 필요하지 않아요. 두 사람은 가루로 만든 선인장 잎을 다른 재료들과 함께 압축시켜 선인장 가죽을 만들었어요. 선인장 가죽은 만드는 과정에서 유해 물질이 발생하지 않아 환경에 나쁜 영향을 주지 않아요. 또한 잘 닳지 않고 잡아당겨도 잘 찢어지지 않아요. 동물 가죽은 물에 젖으면 상하지만 선인장 가죽은 젖어도 상하지 않기 때문에 가방, 신발, 자동차 시트 등 다양한 곳에 사용되고 있답니다.

• **파인애플 가죽:** 스페인 출신 디자이너인 카르멘 이요사는 파인애플 잎에서 섬유를 뽑아 만드는 필리핀 전통 의상 '바롱 타갈로그'에서 아이디어를 얻었어요. 그는 버려진 파인애플 잎에서 뽑은 섬유로 부직포를 만든 후 코팅해 가죽으로 만들었어요. 파인애플 잎은 매년 2,500만 톤이 버려지고 있어 쓰레기를 활용하는 좋은 방안이기도 했어요. 파인애플 가죽은 동물 가죽보다 가볍고 튼튼한 것이 장점이에요.

지구 지킴이 패션 꿀팁

동물 복지 패션으로 입어 볼까요?

신소재 패딩: 패딩 안에 넣어 보온 효과를 높이는 재료를 충전재라고 해요. 그중에서 거위털과 오리털은 보온 효과가 아주 뛰어나죠. 하지만 지금은 이 털을 대신할 수 있는 따뜻하고 가벼운 신소재가 많이 개발되었어요. 웰론(Wellon), 프리마로프트(Primaloft)는 패딩 속에 넣는 대표적인 인공 충전재예요.

식물성 소재 가죽: 소, 악어, 뱀 등의 동물 가죽 대신 코르크, 파인애플, 한지, 버섯 등의 소재로 만든 가죽 가방도 있어요.

착한 플리스(후리스) 점퍼: 폴리에스터 섬유와 동물 복지를 지키며 채취한 양털로 만든 플리스 점퍼가 있어요.

패딩 제품은 RDS, 울 제품은 RWS 인증을 확인해요

- **RDS 인증:** 거위나 오리를 키우는 과정부터 털 채취 과정까지 동물 학대를 하지 않았는지, 안정성이 있는지 확인해요. 동물 복지 등의 인증 기준을 준수한 제품에 RDS 인증을 부여하지요. 패딩에 RDS 마크가 있다면 거위나 오리에게 먹이를 강제로 먹이거나 살아 있는 상태에서 털을 채취하지 않았다는 거예요.
- **RWS 인증:** 양 농장에서 동물 복지를 실천하고 있는지 확인해요. 뮬싱 금지뿐 아니라, 양털의 원산지가 정확한지, 완제품의 생산 및 판매 과정이 투명하게 관리되고 있는지 검토해 RWS 인증을 부여하지요.

3회
목화 재배로 메마르는 지구

 네 옷장이 터지기 일보 직전이야. 미니멀리즘이 필요하겠어.

 미니멀? 작은 옷을 입으라고?

 너에게 꼭 필요한 옷만 가지고 있으라는 뜻이야. 최소한으로 말이야. 그래야 지구가 메마르지 않아.

 지구가 메마른다는 게 무슨 뜻이야?

 땅 위에 있는 물이 점점 말라서 사막처럼 변한다는 말이야.

 내 옷장이랑 지구가 메마르는 거랑 무슨 관련이 있길래?

 네가 지금 입고 있는 면 티셔츠의 재료가 뭔지 아니?

 그 정도는 나도 알지. 목화 아니야?

 맞아. 그런데 목화를 키우려면 다른 식물보다 아주 많은 양의 물이 필요해.

 목화를 키우다가 땅이 사막으로 변하기라도 했단 말이야?

 응, 지구에서 네 번째로 큰 호수가 말라 버린 적이 있어.

 세상에, 그런 일이 있었다니!

 그러니까 지구를 더 메마르지 않게 하려면 옷 소비를 줄여야겠지?

그날의 이야기
아랄해가 사라진 이유는?

:: 소금 사막이 되어 버린 아랄해

주변을 살펴봐도 물이라곤 보이지 않는 사막의 한가운데에 녹슨 배 여러 척이 덩그러니 놓여 있어요. 사막에 배가 있다니요. 직접 보지 않고는 믿기 힘든 광경이지요. 누군가 사막까지 배를 질질 끌고 오기라도 한 걸까요?

사실 이곳은 아랄해가 있던 자리예요. 아랄해는 '신들의 바다'라는 뜻을 가지고 있지만, 이름과는 달리 바다는 아니에요. 중앙아시아

의 카자흐스탄과 우즈베키스탄 사이에 있는 커다란 호수지요. 60년 전만 해도 아랄해는 세계에서 네 번째로 큰 호수였어요.

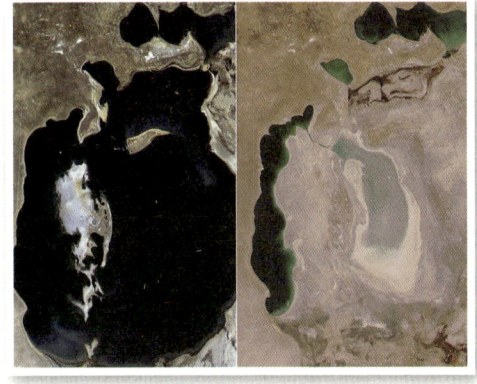
1989년과 2008년에 찍은 아랄해의 위성 사진

하지만 1960년대부터 아랄해가 마르기 시작했어요. 그렇게 큰 호수가 말라 봤자 얼마나 말랐겠냐고요? 찰랑거리던 호수의 물은 50년 만에 무려 90퍼센트가 사라졌답니다.

이렇게 물이 마르는 동안 아랄해는 죽음의 호수가 되었어요. 아랄해는 원래 염분(물속에 포함되어 있는 소금기)이 많은 호수였는데, 호수가

마를수록 염분의 농도가 짙어졌어요. 결국 아랄해에 살던 물고기와 주변 동식물은 높은 염분 때문에 죽거나 멸종에 이르게 됐어요.

2010년 무렵이 되자 호수의 물은 거의 말라 버렸어요. 그리고 바닥에는 소금만 남게 되었지요. 호수가 있던 자리가 소금 사막이 되고 만 거예요. 이 소금 사막은 바람이 부는 날에는 소금 먼지가 되어 날아다니면서 근처에 사는 주민의 건강까지 위협했지요.

아랄해가 말라 버려 소금 사막으로 변한 이유는 무엇일까요?

비극은 목화밭에서 시작됐어요. 1960년대에 당시 소련(지금의 러시아)은 대규모로 목화를 재배할 땅이 필요했어요. 새로운 옷을 사고 싶어 하는 사람들이 갈수록 많아졌거든요. 옷 소비량이 늘수록 목화는 소련에 큰돈을 벌어다 주었지요. 소련에서 목화를 하얀 금이라고 부를 정도였어요.

소련이 많은 양의 목화를 기를 장소로 선택한 곳은 중앙아시아의 아랄해 주변이었어요. 이곳의 기온은 목화를 키우기에 알맞았거든요. 그런데 한 가지 문제가 있었어요. 이곳은 물을 구하기가 어려웠어요.

목화를 키우려면 다른 식물보다 많은 양의 물이 필요해요. 1킬로그램의 면을 생산하려면 8,500리터의 물(욕조 40개를 가득 채울 수 있는 양)

이 필요하지요. 이것은 한 사람이 8년 동안 식수로 사용할 수 있는 양이에요. 그러나 1킬로그램의 면으로는 고작 청바지 한 벌을 만들 수 있을 뿐이에요.

목화 재배에는 물이 많이 필요해요. ⓒKimberly Vardeman

옷 한 벌을 만드는 데 이렇게 많은 물이 필요하다 보니 소련은 아랄해로 흘러 들어가는 아무다리야강과 시르다리야강의 물길을 목화밭으로 돌려 버렸어요.

아랄해가 마르기 시작한 것은 이때부터였지요. 아랄해로 흘러 들어가는 물길이 끊기자 빗물 외에는 호수에 물을 채울 방법이 없었어요. 게다가 아랄해가 있는 곳은 비가 자주 내리는 곳도 아니었지요. 아랄해는 1980년대부터 호수의 물이 급격하게 없어지더니 결국 맨바닥을 드러내게 되었어요.

캐시미어를 찾는 사람들 때문에 몽골 초원이 사라진다고?

캐시미어 산양 ⓒLlywelyn2000

몽골은 국토의 대부분이 초원이에요. 그런데 최근 30년간 국토의 40퍼센트였던 사막이 78퍼센트까지 늘어났다고 해요. 바로 캐시미어를 찾는 사람들 때문이지요. 캐시미어 산양의 털을 깎아서 만드는 옷감인 캐시미어는 전 세계적으로 인기가 많아요. 이 때문에 몽골 전체 인구의 약 40퍼센트는 캐시미어 산업에서 일하고 있지요. 하지만 캐시미어 산양은 초원의 사막화를 일으키는 원인이 되고 있어요. 풀의 겉면만 뜯어먹는 양과 달리 캐시미어 산양은 뿌리까지 뜯어먹는 습성이 있거든요. 캐시미어 산양이 풀을 먹은 자리에는 더 이상 새로운 풀이 자라지 않아요.

캐시미어를 찾는 사람들이 점점 많아지자, 몽골 사람들은 캐시미어 산양을 더욱 많이 키웠어요. 그 결과 몽골에서 가축의 수가 소·말·낙타가 1배, 양이 2배 늘어날 동안 캐시미어 산양은 2.7배나 늘어났죠. 캐시미어를 찾는 사람들이 많아질수록 몽골 초원의 사막화도 빠르게 진행되고 있답니다.

적은 옷으로도 멋쟁이가 될 수 있어

한 벌의 티셔츠를 사면 그에 어울리는 바지와 신발, 가방까지 풀 세트가 필요해요. 완벽한 코디를 위해서죠. 하지만 이렇게 하나둘씩 사는 옷들이 강과 초원을 마르게 하고 있어요. 많이 사고, 버리는 것이 문제라면 적은 옷으로도 폼 나게 입는 특급 노하우가 필요하겠어요.

우미리: 우리가 입는 예쁜 옷이 아랄해에 흉기가 되고 있었네요. 우리는 자연에서 좋은 것을 가져오고 나쁜 것을 돌려주는 것 같아 슬퍼요.

패션디자이너 지나: 맞아요. 지금 당장 우리가 할 수 있는 일은 옷 소비를 줄이는 일이 아닐까 싶어요. 유행에 따라 옷을 사기보다는 꼭 필요한 옷이 무엇인지 생각해 보면 좋겠어요. 그런 의미에서 패션에도 미니멀리즘이 필요해요.

우미리: 미니멀리즘이요? 어려워요. 무슨 뜻인가요?

패션전문기자 알렉산드로: 미니멀리즘은 '최소한'이라는 의미의 미니멀(minimal)과 '주의'라는 뜻의 이즘(ism)을 결합한 단어예요. 최소한으로 최대의 효과를 이루려는 사고방식이라고 할 수 있죠. 1960년대에 디자인·예술 분야에서 시작됐지만, 지금은 생활과 패션에도 적용되고 있어요. 미니멀리즘 패션은 불필요한 옷을 줄이고 적은 양의 옷으로 생활하는 것이라고 생각하면 쉽겠네요.

우미리: 미니멀리즘 패션을 실천할 수 있는 구체적인 방법을 알려 주세요.

패션전문기자 알렉산드로: 혹시 캡슐 옷장이라고 들어 봤나요? 캡슐 옷장은 1970년대 영국에서 옷 가게를 운영하던 수지 폭스라는 사람이 처음 만든 말이에요. 옷장 속에 있는 옷 중에서 꼭 필요한 품목만을 추려서 또 다른 옷장을 만든다고 해서 캡슐 옷장이라고 부

적은 패션 아이템으로도 다양한 연출을 할 수 있어요.

르죠. 캡슐 옷장은 30~40가지 의류와 소품만으로 구성하는 거예요.

패션디자이너 지나: 환경 문제가 심각해지면서 캡슐 옷장이 다시 사람들의 관심을 받고 있어요. 캡슐 옷장을 만드는 '333운동'이 인터넷을 뜨겁게 달군 적도 있고요. 333운동은 3개월 동안 33가지의 패션 아이템으로 생활하는 것이죠. 옷을 포함해 액세서리, 가방, 신발 등을 모두 합해서 33가지예요. 우리나라뿐 아니라 미국, 독일 등에서 많은 사람들이 참여하고 있지요.

우미리: 저도 도전해 봐야겠어요. 우리의 지구를 위해서요.

귀요밍: 검은색 옷만 입었던 스티브 잡스가 생각남.

수주비: 아, 맞네요. 한 가지 스타일이니까 진짜 최소인 듯. 그것도 미니멀리즘?

패션전문기자 알렉산드로: 귀요밍 님이 아주 좋은 사례를 말씀해 주셨네요.

애플의 전 CEO 스티브 잡스와 페이스북의 창업자 마크 저커버그는 대표적인 미니멀리스트죠. 스티브 잡스는 20년 동안이나 공식 행사에 검은 터틀넥 티셔츠와 청바지를 입었어요. 마크 저커버그 역시 늘 청바지에 회색 셔츠나 회색 후드 티셔츠를 입죠. 유행과는 전혀 상관없어요. 이들은 옷을 고르는 일에 시간을 낭비하지 않기 위해서라고 말했지만, 이 사례를 통해 우리가 옷을 너무 많이 가지려고 하지는 않았는지 돌아볼 필요가 있어요.

스티브 잡스 ⓒBen Stanfield

스타일god: 저도 미니멀리즘 패션을 실천하고 싶은데 용기가 안 나요. 비슷한 옷만 입는다고 놀림당할 것 같고······.
귀요밍: 저도 그게 걱정돼요.

패션디자이너 지나: 그 고민을 해결할 방법이 있어요. 옷을 살 때 신중하게 고르는 거예요. 어디에나 조화롭게 어울릴 만한 품목 위주로요. 무난한 옷은 겉옷이나 소품만 바꿔 줘도 다른 옷처럼 느껴지기 때문에 가짓수가 많지 않아도 다양하게 연출할 수 있거든요.

패션전문기자 알렉산드로: 옷을 사지 않고 새로운 옷을 입는 방법도 있답니다. 바로 의류 공유 서비스를 이용하는 거지요.

우미리: 차량 공유 서비스인 '쏘카'나 '우버', 숙박 공유 서비스인 '에어비엔비'처럼 옷을 다른 사람과 함께 사용하는 건가요?

패션전문기자 알렉산드로: 맞아요. 의류 공유 서비스는 다른 사람의 옷을 빌려 입을 수 있게 도와주는 서비스예요. 반대로 내 옷을 다른 사람에게 빌려줄 수도 있고요. 의류 공유 플랫폼에 옷을 맡기면 그 옷이 필요한 사람이 적은 비용으로 옷을 빌려 입고 돌려주는 거지요. 사람들은 특별한 날에만 입는 옷을 사지 않아도 되니 부담이 없어요. 또 옷을 빌려주는 사람은 안 입는 옷으로 수익을 얻을 수 있어요.

'렌트 더 런웨이(Rent The Runway)'는 가장 대표적인 의류 공유 플랫폼이에요. 하버드 대학교에서 공부하던 두 친구, 제니 플레이스와 제니퍼 하이먼은 제니의 여동생이 딱 한 번 입을 웨딩드레스에 돈

뉴욕에 있는 렌트 더 런웨이 매장 ⓒAjay Suresh

을 낭비하는 모습을 보고 렌트 더 런웨이를 설립하게 되었지요. 현재 10만 명이 넘는 사람들이 이곳에서 옷을 빌려주고 빌려 입어요. 우리나라는 2016년에 생긴 '클로젯셰어'라는 플랫폼에서 빌려주고 빌려 입을 수 있어요.

우미리: 의류도 공유할 수 있다니 신기해요. 제 사촌 오빠는 취업 면접 때 입을 옷이 없어 고민하다가 옷을 빌려주는 회사에서 빌려 입더라고요. 이것도 공유 서비스일까요?

패션디자이너 지나: 개인이 서로 옷을 공유하는 것이 아니라, 옷을 빌려주는 회사를 이용하는 것을 의류 렌트 서비스 혹은 의류 대여 서비스라고 해요. 특별한 날에 입어야 하니 좋은 옷을 구매하고 싶지만, 비용이 부담스러울 수 있지요. 옷을 사 놓고 자주 입지 않을 것 같다면 빌려 입는 것도 현명해요. 면접이나 파티, 연주회 등에서 입을 의상을 대여해 주는 곳이 많아요.

우미리: 환경을 위해 옷을 적게 가지고 현명하게 입는 방법! 꼭 알아 둬야겠어요.

패션 키워드로 열어 보는
정보 서랍장

동전의 양면을 가지고 있어요 [의류 공유 서비스]

의류 공유 서비스는 환경에 얼마나 도움이 될까요? 의류 공유 서비스가 환경에 끼치는 영향을 따져 보면 동전의 양면처럼 장단점을 모두 갖고 있어요.

입지 않은 옷을 빌려주고, 빌려 입게 되면 불필요한 소비를 하지 않게 되지요. 게다가 의류를 생산하고 폐기하는 과정에서 심각한 환경 오염이 발생하기 때문에 의류 공유 서비스는 옷의 수명을 늘려 쓰레기를 줄이는 좋은 방법이에요.

하지만 옷을 공유할 때마다 운송으로 탄소 발자국이 생기고, 박스나 비닐 등 포장재가 많이 쓰여요. 한 번 대여된 의류는 모두 드라이클리닝을 하거나 소독하기 때문에 이 과정에 많은 에너지가 쓰이는 문제도 있어요.

소신 있게 소비해요 [미닝 아웃]

2018년 전후로 소비 시장에 떠오른 말이 있어요. 바로 미닝 아웃이란 용어예요. 이 말은 의미를 뜻하는 미닝(meaning)과 커밍 아웃(coming out)을 합친 단어예요. 자신의 신념이나 가치관을 겉으로 드러낸다는 의미지요. 패션에서 미닝 아웃은 자신이 중요하다고 생각하는 가치를 기준으로 소신 있게 소비하는 거예요. 그래서 '소신 소비'라고도 해요.

예를 들어, 환경의 가치를 중요하게 생각한다면 유행을 따르기보다는 꼭 필요한 옷만 사는 것이지요. 가격이 비싸더라도 환경을 지키는 방식으로 만든 옷을 선

새 옷을 사지 않고, 다른 사람과 옷을 바꾸는 것도 미닝 아웃이에요.

택하기도 하고요. 또 의류 쓰레기를 줄이기 위해 최소한의 옷으로만 생활하는 것도 포함이 돼요.

예전에는 남에게 잘 보이기 위해 옷을 사거나 기분에 따라 충동구매하는 걸 아무렇지 않게 여기기도 했어요. 하지만 이제는 미닝 아웃(소신 소비)을 하는 소비자가 많아지고 있답니다. 여러 패션 브랜드도 이런 분위기에 발맞춰 친환경, 지속 가능한 패션 제품을 만들고 있어요.

지구를 지키는 패션 피플인 우리는 옷이 많은 사람을 부러워하기보다 환경을 생각하며 옷을 입는 소신을 가져 보면 어떨까요?

지구 지킴이 패션 꿀팁

나만의 캡슐 옷장을 만들어 봐요

옷장에서 지금 계절에 필요한 의류와 소품 33가지를 골라서 적어 볼까요? 물론 조금 부족해도 괜찮아요.

겉옷
....

상의
....

하의
....

가방 및 소품
....

신발
....

나머지 옷은 어떡하냐고요?

- 계절에 맞지 않는 옷은 따로 정리해 주세요.
  (나중에 찾기 쉽게 잘 정리해 두세요.)
- 작아서 못 입는 옷, 잘 안 입는 옷을 박스에 담아 주세요.
  (중고 거래를 하거나 물려줄 사람이 있는지 찾아봐요.)
- 구겨지고 망가지지 않게 잘 정리해요.
  (세탁하면 탄소가 배출되고 망가지면 버리게 되니까요.)

미니멀리즘 패션으로 코디해 볼까요?
일주일 동안 입을 옷을 정리하고 코디해 보세요!
옷이 많지 않아도 가능하답니다.

월요일　　　화요일　　　수요일

목요일　　　금요일　　　토요일

4회
버려지는 옷은 어디로?

 이 청바지 어때? 요즘 유행하는 스타일로 샀어.

 옷장에 청바지가 가득한데 또 산 거야?

 유행 지난 옷들을 몽땅 모아서 의류 수거함에 넣었더니 이제 몇 벌 안 남았는걸?

 그렇게 의류 수거함에 버려진 옷들이 다른 나라로 보내져서 쓰레기 산을 이루고 있대. 쓰레기 산에서 흘러내린 옷이 강이나 바다에도 쌓이고 말이야.

 정말? 의류 수거함 속의 옷이 재사용되는 게 아니라 다른 나라에 버려지는 거라고? 그럼 어떻게 해야 돼?

 옷을 함부로 버리지 말고, 되도록이면 새 옷을 적게 사야지.

 옷이 낡거나 작아져서 새 옷이 필요할 때는? 여러 번 입어서 질릴 때도 있단 말이야.

 그럴 때는 중고 패션을 이용하는 건 어때?

 누군가가 입은 뒤에 벼룩 시장이나 중고 시장에 내놓은 옷 말이지?

 그래. 중고 패션으로 버려질 뻔한 옷의 새 주인이 되는 거지. 그러면 너도 필요한 옷을 구할 수 있고, 지구에 쌓이는 옷 쓰레기도 줄일 수 있어.

그날의 이야기
아크라의 쓰레기 언덕

:: 어부의 그물에 걸리는 옷 뭉치

아프리카 서부에 있는 가나의 수도 아크라는 큰 바다를 끼고 있어요. 이 바다 주변에는 물고기를 잡으며 사는 사람들이 많지요. 그런데 어느 날부터 어부들의 얼굴에 어두운 그늘이 드리워졌어요. 물고기를 잡으려고 던져 놓은 그물에 옷 뭉치가 자꾸 걸렸거든요.

처음에는 한두 벌이었지만, 시간이 갈수록 그물에 걸린 옷이 점점 많아졌어요. 수십 벌의 옷이 서로 엉켜서 미역 줄기처럼 줄줄이 올라

오기도 했어요. 그물 안에는 죽은 물고기가 태반이었지요.

사실 바닷속 옷 뭉치는 하루 이틀 된 문제가 아니었어요. 고기잡이에 방해가 될 정도로 많은 옷들은 오랫동안 어부들의 큰 골칫거리였지요.

이 많은 옷들은 대체 어디에서 왔을까요?

:: 헌 옷 더미, 쓰레기 언덕을 이루다

옷들이 둥둥 떠다니는 바다에서 강쪽으로 거슬러 올라가다 보면 커다란 언덕을 볼 수 있어요. 한참을 올라가야 꼭대기에 닿을 수 있는 언덕의 높이는

무려 20미터나 된답니다. 사실 이 언덕은 진짜 언덕이 아니에요. 다른 나라에서 보낸 헌 옷이 쌓인 것이지요.

아크라에 헌 옷을 보내고 있는 나라는 미국, 영국, 독일, 중국, 한국 등이에요. 이들은 입다 버린 옷이나 팔다 남은 옷을 아크라로 수출하고 있어요. 하지만 말이 수출이지 실제로는 처리하기 곤란한 옷들을 아크라에 버리는 거나 마찬가지예요.

다른 나라에서 버린 옷을 팔고 있는 아프리카의 벼룩 시장
ⓒFredinEzulwini

세계 각지에서 아크라로 모인 옷들은 칸타만토 중고 시장에서 팔리고 있어요. 아크라 사람들이 먹고살기 위해 버려진 옷 중에서 쓸 만한 것을 골라 장사하고 있거든요. 그런데 여기서 사고파는 양은 아크라에 들어온 옷의 60퍼센트도 되지 않아요. 세계 각국에서 버린 옷이 모여 있으니 그 양이 어마어마하게 많은 탓이에요.

이렇게 팔리지 않고 남은 옷이 바로 헌 옷 더미에 차곡차곡 쌓이면서 거대한 쓰레기 언덕을 이룬 거예요. 이 옷들이 비가 내릴 때마다 강과 바다로 흘러가 생태계를 오염시키고, 물고기 대신 어부들의 그물에 걸려서 아크라 사람들에게 깊은 시름을 안겨 주고 있지요.

:: 헌 옷이 재사용될 거라는 착각

우리가 의류 수거함에 버린 옷의 대부분이 개발 도상국으로 보내지고 있다는 사실을 알고 있나요? 의류 수거함에 담긴 옷이 재사용된

의류 수거함 속 옷들은 대부분 버려지고 있어요.

다고 생각하는 사람들이 많아요. 하지만 실제로는 그렇지 않답니다. 의류 수거함 속 헌 옷을 재사용하는 경우는 고작 5퍼센트밖에 되지 않거든요. 나머지 95퍼센트의 옷은 가나, 인도, 캄보디아 같은 개발 도상국으로 보내져요. 의류 수거함에 담긴 옷이 재사용될 거라는 생각은 착각이었던 거예요.

그럼 우리나라를 비롯해 전 세계에서 버리는 옷의 양은 도대체 얼마나 될까요? 놀랍게도 지구에서 매년 만들어지는 1,000억 벌의 옷 가운데 자그마치 330억 벌 정도가 버려지고 있다고 해요.

이 정도로 많은 양이 버려지는 이유는 과잉 생산과 과잉 소비 때

우리가 버린 옷들이 지구를 오염시키고 있어요.

문이에요. 필요 이상으로 많은 옷을 사고팔다보니, 옷장마다 옷이 가득하게 되고 사람들은 별 고민 없이 쉽게 옷을 버리게 되지요. 누군가가 버려진 옷을 재사용할 거라는 착각에 죄책감도 느끼지 않아요. 하지만 아크라의 경우에서 보았듯이, 그렇게 버려진 옷들은 바다로 흘러가 지금도 지구를 병들게 하고 있답니다.

헌 옷 쓰레기로 덮여 가는 아타카마 사막

아타카마 사막에 쌓이고 있는 쓰레기

칠레 이키케 항구에는 날마다 커다란 배들이 드나들어요. 이 배에는 전 세계에서 가져온 헌 옷이 잔뜩 실려 있지요. 이렇게 매년 이키케 항구를 통해 들어오는 옷은 무려 6만 톤이나 돼요. 이 옷은 칠레의 중고 시장으로 가요. 하지만 워낙 양이 많다 보니 6만 톤 중 4만 톤은 아타카마 사막에 버려지지요.

더욱 큰 문제는 이 옷을 만들 때 화학 처리를 했다는 사실이에요. 이 옷은 수백 년 동안 썩지 않는 쓰레기로 아타카마 사막에 남아 있게 되지요. 옷에서 나오는 해로운 화학 물질이 공기와 지하수를 오염시키면서 말이에요.

중고 스타일에 푹 빠져 봐

더 이상 소중한 옷들이 쓰레기가 되어 지구를 망가뜨리게 둘 수 없어요. 이제 환경도 스타일도 놓치지 않을래요. 좀 까다롭다고요? 당연하죠. 지구를 지키는 패션 피플들은 아무렇게나 입지 않으니까요. 이제 중고 옷 더미에서 보석을 발견할 수 있는 특별한 눈을 가진 우리들이 활약할 차례군요.

우미리: 우리가 쉽게 버린 옷들이 썩지 않는 쓰레기가 돼서 우리 주변을 떠돌고 있어요. 의류 쓰레기를 줄일 수 있는 좋은 방법이 없을까요?

패션전문기자 알렉산드로: 중고 패션을 이용하면 어떨까요? 새 옷을 사기보다 중고 패션을 이용하면 의류 쓰레기를 줄일 수 있지요. 누군가에게 물려받아도 좋고요. 사람들의 옷장에는 방치되어 있는 멀쩡한 옷이 많아요. 그런 옷은 옷장 주인은 입지 않지만 누군가에게는 필요한 옷이거든요.

우미리: 중고 패션으로 옷을 재활용하는 방법이 있었네요. 아니, 재

사용이라고 해야 하나요?

패션디자이너 지나: '재활용'과 '재사용'은 어감이 비슷해서 헷갈리는 사람이 많아요. 재활용은 물건을 원래의 용도가 아닌 다른 방법으로 사용하는 것을 뜻해요. 입지 않는 옷으로 가방을 만들거나 다 쓴 현수막으로 패션 소품을 만드는 등 변형을 하는 거죠.

중고 거래를 이용해 봐요.

반면에 재사용은 처음 만든 목적 그대로 사용하는 거예요. 그러니 중고 패션은 '재사용'에 해당한답니다.

우미리: 재활용과 재사용의 차이점을 확실히 알겠네요. 그렇다면 옷을 재사용하기 위해 중고로 살 수 있는 곳은 어딘가요?

패션전문기자 알렉산드로: 도시마다 대표적인 중고 시장이 있어요. 서울의 광장 시장과 동묘 시장, 부산의 국제 시장, 대구의 관문 시장, 마산의 부림 시장처럼 말이죠. 동네나 골목 단위로 작은 규모의 플리 마켓(flea market)이 열리기도 해요. 플리 마켓을 '벼룩 시장'이라고 부르기도 하는데, 말 그대로 벼룩이 들끓을 만큼 오래된 물건을 팔 수 있다는 의미예요. 또는 누구나 자유롭게 물건을 팔 수 있다는 의미에서 프리 마켓(free market)으로 불리기도 하죠.

우미리: 중고 시장이 다른 나라에도 있나요?

패션디자이너 지나: 물론이죠. 핀란드에서는 중고 거래 문화가 일찌감치 자리 잡았어요. 핀란드는 자원이 부족한 나라여서 물건값이 비싼 경우가 많았어요. 그래서 1980년대 무렵부터 자신에게 필요 없는 물건을 무료로 나눠 주거나 물물 교환을 하는 중고 시장이 생겼지요. 1991년부터 3년 간은 온 나라에 경제 위기가 닥쳤어요. 이

때 중고 문화가 널리 퍼졌지요. 현재는 환경 문제까지 겹쳐서 중고 시장이 더욱 활발해지고 있어요. 핀란드에 가 보면 중고 가게를 쉽게 찾을 수 있답니다.

시보우스 빠이바 ⓒKukkanen13

우미리: 핀란드에서는 중고 축제도 열린다고 들었어요.

패션디자이너 지나: 수도 헬싱키에서는 매년 5월과 8월에 '시보우스 빠이바(청소의 날)'라고 하는 행사가 열려요. 시보우스 빠이바가 열리면 헬싱키 전체가 거대한 중고 장터로 변신하죠. 사람들은 돗자리나 책상, 옷걸이 등을 들고 나와 공원과 골목에 자리를 잡고 자신들이 쓰던 옷과 물건을 판매한답니다. 이날 하루는 헬싱키 전체가 축제 같지요.

패션전문기자 알렉산드로: 핀란드처럼 중고 물건이 가치 있게 쓰이면 좋겠지만 그렇지 않은 곳도 있어요. 가나의 칸타만토 중고 시장이 바로 그런 경우죠. 이 시장에 모이는 옷 중에 40퍼센트는 쓰레기가 되어 버리니까요. 우리가 무심코 버린 옷이 이곳을 거쳐 쓰레기 무덤을 만들고 있죠.

우미리: 중고 시장이 생기는 것은 좋은 현상이지만, 중고 시장이 늘어나는 건 그만큼 버려지는 옷이 많다는 의미일 수도 있겠네요. 지금까지 여러 중고 시장에 대해 이야기를 나누었는데요. 중고 물건을 온라인으로 거래하는 곳도 많아진 것 같아요.

패션디자이너 지나: 네. 요즘에는 온라인으로 중고 물건을 파는 곳을 쉽게 찾을 수 있어요. 그중에는 중고 의류만 살 수 있는 곳도 있어요. 스레드업(ThredUP)이나 디팝(Depop), 더 리얼리얼(The RealReal)은 세계에서 주목받고 있는 중고 패션 플랫폼이지요.

패션전문기자 알렉산드로: 기부도 의류 쓰레기를 줄이는 좋은 방법이에요. '아름다운 가게'나 '옷캔'에 기부해 보세요. 작아서 못 입거나 옷장 속에 쌓아 두었던 옷을 좋은 일에 사용할 수 있어요.

> **사랑둥이:** 남이 입던 옷은 조금 찝찝하다는 생각이 들어요.
>
> **스타일짱:** 유행이 지나서 촌스럽지 않나요?

패션전문기자 알렉산드로: 사랑둥이 님처럼 남이 입던 옷을 찝찝하게 여길 수 있어요. 그렇기 때문에 중고 거래에 옷을 내놓을 때에는 처리하기 어려운 옷을 버린다고 생각해선 안 돼요. 그보다는 옷의 새 주인을 찾아 준다는 생각을 가져야 하죠. 옷을 중고 거래에 내놓기 전에 깨끗하게 세탁하고 손질하는 것은 필수랍니다.

개성 있는 패션을 연출하고 싶으면 중고 옷을 활용해 보세요.

패션디자이너 지나: 스타일짱 님은 중고 패션을 촌스럽다고 생각하는군요? 하지만 중고 패션은 남다른 매력이 있답니다. 우선 같은 디자인을 찾기 힘들다는 것이 중요한 매력 포인트예요. 세상에 하나뿐인 패션 아이템으로 나만의 개성을 드러낼 수 있죠. 가격이 저렴한 것도 또 하나의 매력이에요. 패션은 유행을 무작정 따르는 것이 아니라 어떻게 입을지 자신만의 기준을 세우는 게 제일 중요하다는 것을 잊지 마세요!

우미리: 지구 지킴이들처럼 환경을 생각하며 옷을 입는 일이야말로 진짜 패셔니스타가 되는 길이네요.

패션 키워드로 열어 보는
정보 서랍장

중고 패션의 가치를 높이는 또 다른 이름 [빈티지 패션], [레트로 패션], [구제 패션]

- **빈티지(vintage) 패션:** 빈티지라는 말은 양질의 포도로 만든 고급 포도주를 뜻해요. 패션에서는 '오래되어도 가치 있는 것'이라는 뜻으로 사용되지요.

- **레트로(retro) 패션:** 사람들이 지나간 과거의 생활이나 문화를 그리워하듯 옛날을 느끼게 하는 패션을 뜻해요. 과거에 유행했던 패션인 경우가 많아요.

- **구제 패션:** 예전에는 6·25 전쟁이 끝난 후 가난한 사람들을 돕기 위해 들여 온 오래된 옷을 뜻했어요. 현재는 외국에서 수입한 중고 의류나 국내 중고 의류를

모두 가리키는 말로 쓰이고 있어요.

쓰레기 제로에 도전해요 [프리사이클링]

프리사이클링(precycling)이라는 말을 들어 본 적 있나요? 프리사이클링은 '미리'라는 뜻의 '프리(pre)'와 재활용·재사용을 뜻하는 '리사이클링(recycling)'이 합쳐진 말이에요. 물건을 사기 전부터 환경을 생각해 쓰레기를 최대한 줄이는 소비를 하자는 뜻이에요. 프리사이클링은 폐기물을 다시 사용하는 리사이클링, 더 나은 용도로 탈바꿈해 쓰는 업사이클링과 함께 쓰레기를 줄이기 위한 대표적인 소비 실천법이랍니다.

쓰레기를 줄이기 위한 프리사이클링 방법 중에 가장 많이 알려진 것은 중고 거래예요. 새 옷을 사거나 안 입는 옷을 버리는 대신 중고 거래를 이용하는 사람이 많아질수록 의류 쓰레기는 줄어들게 되지요.

포장을 줄이는 방법도 있어요. 옷을 팔 때 브랜드를 홍보하거나 옷을 보호할 목적으로 비닐, 종이, 리본 등 다양한 재료로 옷을 포장하는 경우가 많아요. 예쁘고 깔끔하게 포장된 옷을 받을 때에는 잠시 기분이 좋지만, 포장은 결국 쓰레기가 되지요.

요즘은 프리사이클링을 위해 포장을 최소화해서 물건을 파는 상점이 하나둘 생기고 있어요. 소비자 역시 장바구니를 이용하거나 포장을 거부하는 방법으로 프리사이클링을 실천할 수 있답니다.

지구 지킴이 패션 꿀팁

온라인 중고 거래에도 매너가 필요해요

1. 늦은 시간에는 연락하지 않아요.
궁금하다고 아무 때나 연락하면 안 돼요. 너무 이른 시간이나 밤 늦은 시간에는 연락하지 않는 게 좋아요.

2. 약속을 꼭 지켜요.
중고 거래 약속을 너무 가볍게 생각하는 경우가 있어요. 시간은 누구에게나 소중해요. 약속 시간을 잘 지켜 주세요.

3. 어른과 함께 가요.
직접 만나서 거래할 경우 꼭 어른과 함께 가요. 혹시 모를 상황이 생길 수도 있으니까요.

4. 소중히 다뤄요.
내 옷의 새로운 주인이 될 사람을 위해 옷을 함부로 다루지 말고 깨끗하게 세탁해 주세요. 서로 기분 좋은 일이 될 거예요.

중고 패션으로 코디해 볼까요?

중고 패션을 더욱 빛나게 해 주는 레트로
레트로 패션은 과거의 향수를 불러일으키거나 예전에 유행했던 스타일을 현대에 맞게 재해석해 입는 것을 말해요. 복고 패션이라고도 하죠. 아이돌 가수도 레트로 패션으로 무대 의상을 입곤 한답니다.

코르덴(코듀로이): 올록볼록하고 따뜻한 원단이에요. 골덴이라고 부르기도 하지요. 1990년대에 이 원단으로 만든 옷과 모자가 유행했어요.

야구 점퍼: 야구 선수들이 입던 점퍼로 1990년대에 인기를 끌었어요. 특히 대학생들의 단체 점퍼로 인기가 많았지요.

물 빠진 청바지: 오래된 느낌이 나는 물 빠진 청바지가 1980년대부터 유행했어요. 지금도 쉽게 볼 수 있지요.

할머니나 엄마 옷장에 보물이 숨어 있을지도 몰라요

유행은 돌고 돌지요. 오래된 옷장 속에도 입을 만한 옷이 있을 거예요. 유행이 지났다고 바로 버리면 손해!
할머니나 엄마에게 작아진 옷이 나에게는 딱! 맞을지도 몰라요.

 낡은 티셔츠로 뭘 하고 있는 거야?

 가방을 만드는 중이야.

 그런 걸 업사이클링 패션이라고 하는 거지?

 맞아! 입고 있던 옷을 새로운 디자인으로 바꾸거나 다른 용도로 만드는 것을 업사이클링 패션이라고 해.

 새 가방을 사지 않고 이렇게 만드는 이유가 뭐야?

 티셔츠를 버리는 대신 재활용하려고. 버려진 옷은 태워서 없애는 경우가 많거든. 옷을 태우면 이산화 탄소가 엄청 발생하는데 말이야.

 이산화 탄소는 지구 온난화를 일으키는 주범이잖아!

 그러니까 옷을 버릴 땐 신중해야 돼. 그런데 어떤 패션 브랜드는 어마어마한 양의 새 옷을 일부러 태웠대.

 새 옷을 태웠다고? 도대체 왜?

 팔리지 않은 옷을 낮은 가격으로 파는 것보다 태워서 없애는 쪽이 브랜드의 가치를 지켜 준다나.

 말도 안 돼!

그날의 이야기
불구덩이로 던져진 새 옷

∷ 옷의 가치를 높이기 위해 불태운다고?

2017년 영국 명품 브랜드, 버버리의 창고에 옷이 잔뜩 쌓여 있었어요. 아직 팔리지 않은 새 옷들이었지요. 어느 날 이 옷들이 트럭에 실려 소각장으로 옮겨졌어요. 트럭에서 나온 옷들은 곧바로 불구덩이 속으로 던져졌답니다. 아무도 입지 않은 깨끗한 옷들이 한순간에 잿더미가 된 거지요. 잠시 후 소각장 굴뚝에서 시커먼 연기가 뿜어져 나와 하늘을 자욱하게 뒤덮었어요.

이날 잿더미가 된 옷의 가격은 자그마치 420억 원 정도였다고 해요. 팔리지 않고 남은 재고는 값을 낮춰서라도 팔아야 할 텐데, 오히려 버버리는 큰 손해를 보면서도 남은 옷을 불에 태워 없앴어요.

　버버리가 이런 선택을 한 이유는, 그렇게 해야 브랜드 가치가 떨어지지 않는다고 생각했기 때문이에요. 사람들은 구하기 힘든 옷일수록 비싼 값을 치를 만한 가치가 있다고 여기니까요.

∷ 화학 섬유에서 발생하는 이산화 탄소

　브랜드 가치를 지키기 위해 옷을 불태운 일이 그때가 처음은 아니랍니다. 몇몇 브랜드 사이에서는 종종 있었던 일이지요.

카르티에와 피아제 등을 소유한 리치몬드 그룹은 자신들이 만든 시계를 공식 판매점이 아닌 곳에서 팔지 못하게 약 7,500억 원(약 5억 7,500만 달러)만큼의 시계를 다시 사들인 뒤에 파괴했어요. 루이뷔통과 헤르메스 같은 패션 브랜드 역시 재고가 생기면 불에 태워 처리했지요.

화학 섬유를 태우면 유해 물질이 나와요.

문제는 이렇게 옷을 태울 때마다 환경에 심각한 피해를 끼친다는 거예요. 전 세계에서 만들어지는 옷의 70퍼센트는 화학 섬유로 만들어져요. 화학 섬유를 높은 온도로 태우면 해로운 물질과 함께 이산화 탄소가 나오지요. 이산화 탄소는 온실가스 중 하나로, 지구에서 빠져나가려는 열을 가둬 지구 온난화를 일으켜요.

이산화 탄소 같은 온실가스로 인해 지구의 온도가 높아지면 지구 곳곳에는 이상 기후가 발생해요. 예상치 못한 이상 기후는 가뭄, 쓰나미, 태풍, 홍수 등 자연재해를 일으켜서 사람은 물론이고 지구에 사는 모든 생물들의 목숨을 위협하지요.

::옷을 태웠더니 발생한 환경 비용

옷이 불에 타던 날, 패션 회사가 손해 본 것은 비싼 옷값만이 아니에요. 이보다 더 비싼 비용도 치러야 했답니다. 바로 환경 비용이에요.

환경 비용이란 파괴된 환경을 되돌리기 위해 드는 노력과 시간을 말해요. 수백억 원어치의 멀쩡한 옷을 태워서 지구에 끼친 피해를 해결하려면, 옷값보다 더 비싼 환경 비용이 발생하지요.

더구나 이렇게 발생한 환경 비용은 옷을 태운 패션 회사뿐만 아니라 지구에 살고 있는 우리 모두가 함께 감당해야 해요. 환경 문제는 몇몇 사람이 나서서 해결할 수 있는 것이 아니니까요.

버버리가 엄청나게 많은 양의 멀쩡한 옷을 함부로 태운 사실이 알려지자 비난의 물결이 거세게 일어났어요. 수많은 소비자들의 불만이 두려웠던 버버리는 곧바로 잘못을 인정하고 반성했어요. 다시는 재고를 소각하지 않을 것이며 재활용이나 기부를 하겠다고 약속했어요. 앞으로는 환경을 보호하는 데 책임 의식을 갖겠다는 약속도 함께 했답니다.

옷에 새로운 생명을

> 옷의 가치를 떨어트리지 않기 위해 새 옷을 모두 태운다고요? 사람은 죽어서 이름을 남기지만 옷은 수명이 다하면 탄소 발자국만 남긴다고요! 우리의 몸을 보호하고 아름다움을 주는 옷에게 이런 운명은 어울리지 않아요. 이제 우리가 바꿔야겠어요. 옷이 새롭게 태어날 수 있게 말이죠.

우미리: 입다가 버린 옷만 불에 태우는 줄 알았어요. 그런데 팔리지 않은 새 옷을 태워 버린다니 충격이에요.

패션디자이너 지나: 화학 섬유로 만들어진 옷은 소각되면서 온실가스가 나와요. 온실가스는 지구 온난화를 가속화해서 기후 위기, 해수면 상승 같은 문제를 일으키지요.

우미리: 안 그래도 환경에 좋지 않은 의류 쓰레기가 많은데, 새 옷까지 더해지니 더욱 심각하다는 생각이 들어요. 하지만 모든 패션 기업이 그런 것은 아닐 텐데요. 환경을 위해 노력하는 곳은 없나요?

패션전문기자 알렉산드로: 우리나라의 패션 기업 한섬은 신제품으로 출시된 지 3년이 지난 옷들을 매년 불태웠어요. 그렇게 태운 양이 8만여 벌이었어요. 무게로 따지면 60톤이나 됐죠. 그러나 2021년부터 이 옷들을 인테리어 마감재로 사용할 수 있게 탈바꿈시켰어요. 이렇게 해서 줄어드는 탄소 배출량이 매년 140여 톤이에요. 이 정도면 2만여 그루의 소나무를 심는 것과 비슷한 효과라고 해요.

옷을 버리지 말고 업사이클링해 보세요!

우미리: 와, 대단한데요? 옷에 새 생명을 주었네요. 덕분에 환경에도 피해를 덜 끼쳤고요.

패션전문기자 알렉산드로: 이처럼 모든 패션 기업은 이제라도 사회적인 책임을 가져야 해요. 앞으로는 소비자도 환경을 파괴하는 기업에게 등을 돌리게 될 거예요.

학교짱: 옷을 인테리어 재료로 바꾸는 게 바로 업사이클링 아닌가요? 자원을 순환시키는 방법이라고 학교에서 배웠어요.
솔지: 맞아요. 청바지로 가방도 만들고 필통도 만들고.
스타일짱: 만들어진 결과물이 생각보다 훨씬 멋지더라고요.

아이디어만 있으면 업사이클링 패션 아이템을 만들 수 있어요.

패션디자이너 지나: 학교짱 님이 정확하게 말씀해 주셨어요. 탄소 발자국을 줄이는 방안 중 하나가 바로 업사이클링이죠. 먼저 탄소 발자국은 개인이나 단체가 활동하면서 직간접적으로 발생시키는 이산화 탄소의 총량을 말해요. 여기에는 어떤 물건이 만들어져서 누군가의 손에

도착하기까지 전 과정에서 배출되는 이산화 탄소도 모두 포함되지요. 패션 산업은 제조, 염색, 봉제, 운송, 판매 등 옷이 만들어지는 모든 과정에서 많은 탄소 발자국을 남기고 있어요.

우미리: 많은 양의 탄소라면 어느 정도를 말하는 건가요?

패션디자이너 지나: 패션 산업에서 1년 간 배출되는 온실가스의 양은 120억 톤이나 돼요. 이는 무려 전 세계에서 1년 간 발생하는 탄소의 8퍼센트나 차지하지요. 이것은 비행기와 선박이 세계 곳곳을 다니며 내뿜는 탄소보다도 많은 양이에요.

패션전문기자 알렉산드로: 업사이클링 패션은 탄소 배출량을 많이 줄일 수 있답니다. 이미 만들어진 옷을 활용하기 때문이죠.

업사이클링이라는 말은 개선한다는 의미의 업그레이드(upgrade)와 재활용을 뜻하는 리사이클(recycle)이 합쳐진 말이에요. 말 그대로 리사이클링을 발전시켰다는 의미지요. 이 용어는 1994년에 독일의 디자이너 라이너 필츠가 처음 사용했어요. 그는 어느 디자인 잡지와의 인터뷰에서 '업사이클링은 낡은 제품에 더 많은 가치를 부여하는 것'이라고 정의를 내리고 환경을 위해서는 리사이클링보다

오래된 타이어로 만든 의류와 보석, 가방 ⓒSchorle

업사이클링이 필요하다고 주장했어요.

우미리: 버려지는 자원이나 쓸모가 없어진 물건으로 가치 있는 물건을 만드는 일이 업사이클링이군요. 아이디어만 있으면 얼마든지 업사이클링 제품을 만들 수 있을 것 같아요.

패션디자이너 지나: 맞아요. 창의력이 더해지면 멋진 결과물이 탄생하죠. 우리나라에서 업사이클링을 가장 먼저 시작한 브랜드는 래코드(RE;CODE)예요. 래코드는 2012년에 세상에 나왔죠. 래코드는 추억이 깃든 옷을 새로운 디자인으로 탈바꿈시키는 서비스를 하고 있어요. 옷장 속에서 잠자고 있는 옷을 자주 꺼내 입을 만한 옷으로 재탄생시켜 주지요. 래코드 외에도 더 이상 입지 않는 교복으로 가방이나 필통을 만드는 곳도 있고, 폐방화복을 이용해 액세서리를 만드는 곳도 있어요.

패션전문기자 알렉산드로: 스위스의 프라이탁(FREITAG)도 대표적인 업사이클링 브랜드예요. 트럭의 방수 천, 버려진 천막, 자동차의 안전벨트, 폐자전거의 고무 등을 이용해 가방을 만들죠. 프라이탁은

트럭의 방수 천 ⓒobserveTheBanana

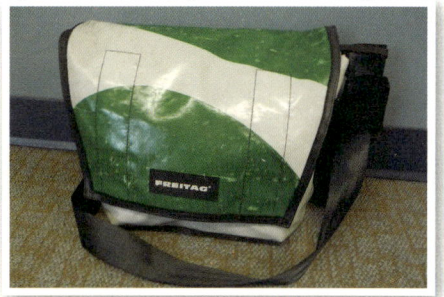
버려진 트럭 방수 천으로 만든 프라이탁 가방

이런 가방을 매년 30만 개씩 만들어 전 세계에 수출하고 있어요.

우미리: 버려지는 재료로 만들기 때문에 똑같은 디자인이 없겠네요. 업사이클링 제품은 그 점이 참 매력적이군요. 프라이탁의 두 대표인 프라이탁 형제는 어떤 계기로 업사이클링 브랜드를 만들게 되었나요?

패션전문기자 알렉산드로: 프라이탁 형제는 비가 내려도 안에 담긴 물건이 젖지 않는 가방이 필요했어요. 가방 안에는 자신들이 스케치한 그림이 많았거든요. 그러던 어느 날, 우연히 트럭의 방수 천을 보고, 가방으로 만들면 좋겠다는 아이디어를 떠올리게 됐죠. 그것이 프라이탁의 시작이라고 해요.

패션디자이너 지나: 아예 쓰레기를 활용해 옷을 만드는 곳도 있답니다. 루비문(Ruby Moon)은 해안가에서 수집한 쓰레기로 수영복이나 래쉬가드 같은 스포츠 의류를 만들어요. 이렇게 해서 이산화 탄

자원을 다시 사용해서 순환시키면 탄소 발자국을 줄일 수 있어요.

소 배출을 42퍼센트나 감소시켰다고 하는군요.

우미리: 루비문이 '순환 경제'를 강조하고 있다고 한던데, 어떤 뜻인가요?

패션디자이너 지나: 순환 경제는 자원을 사용하고 나서 버리고 끝내는 것이 아니라, 사용한 자원을 다시 사용하는 것을 말해요. 다시 말해 자원을 자꾸 새로 만들어 쓰는 대신에 기존 자원을 최대한 활용하여 순환시키자는 거죠. '재활용'과 '절약'은 순환 경제에서 가장 중요하게 여기는 정신이라고 볼 수 있죠. 앞서 소개한 래코드, 프라이탁, 루비문은 순환 경제를 잘 실천하고 있는 곳이에요.

우미리: 옷을 버리지 않고 새 생명을 주어, 탄소 발자국을 줄이고 자원도 순환시키는 업사이클링! 꼭 기억해야겠어요. 그런데 탄소 발자국을 줄여야 한다는 건 알지만, 정작 내가 입고 있는 옷이 탄소 발자국을 얼마나 남기는지 알 수 없어서 답답하기도 해요.

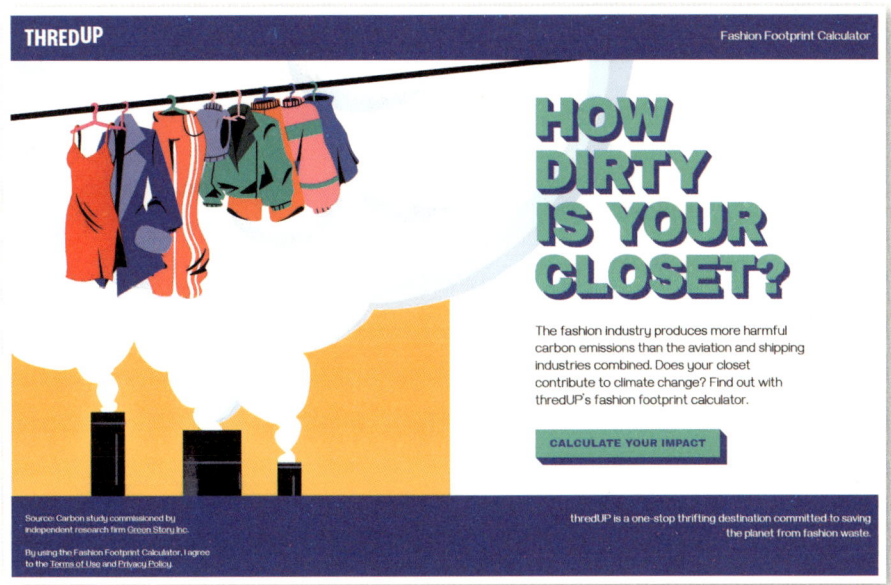

스레드업 홈페이지에서 내 탄소 발자국을 계산해 보세요.

패션전문기자 알렉산드로: 탄소 발자국을 계산할 수 있는 방법을 알려 줄게요. 미국의 중고 의류 플랫폼 스레드업의 홈페이지(www.thredup.com/fashionfootprint)에 접속해 보세요. 거기에서 11가지 질문에 답을 하면 내가 만든 탄소 발자국을 알 수 있어요. 자신이 옷을 구매하고 사용하는 습관을 되돌아 보는 기회가 될 거예요.

패션 키워드로 열어 보는
정보 서랍장

프랑스, 더 이상 옷을 태우지 못해요 [순환 경제법]

프랑스에서는 2022년부터 팔리지 않는 재고를 더 이상 태울 수 없게 됐어요. 프랑스에 '낭비 방지 및 순환 경제법(AGEC)'이라는 새로운 법이 생겼거든요. 이 법에 따르면 옷을 만들거나 유통하는 회사는 재고를 의무적으로 재사용, 재활용해야 해요. 자원의 낭비를 막고 탄소 배출을 줄이도록 말이에요.

이 법은 의류와 액세서리 등의 패션 제품뿐만 아니라 전자 제품, 생활용품, 위생용품, 책, 학용품 등 다양한 물건에 해당돼요.

이제 프랑스에서 기업들은 팔고 남은 상품들을 기부, 재사용, 재활용할 수 있는 방법을 적극적으로 찾아야 해요. 하지만 무엇보다 좋은 방법은 물건을 최대한 적게 만들어서 재고로 남는 상품이 없게 하는 것이겠지요? 물건은 만드는 순간부터 처리하는 순간까지 계속해서 탄소를 발생시키니까 말이에요.

지구를 위한 150개 패션 브랜드의 약속 [패션 팩트]

2019년 8월에 G7 정상 회의가 열렸어요. G7 정상 회의는 주요 7개국의 정상들이 모여 환경, 평화, 인권 등의 세계 문제들을 해결하기 위해 협력을 다지는 자리예요. 2019년에는 이 자리에 150개의 패션 브랜드도 참석했어요. 각 나라의 정상들과 함께 '패션 팩트(Fashion Pact)'에 서명하기 위해서였지요.

패션 팩트는 패션으로 인한 환경 문제를 함께 해결하자는 약속이 담긴 협약이

2019년 G7 정상 회의 모습

요. 지구를 위한 패션 협약인 셈이지요. 패션 팩트가 가지는 환경 목표 세 가지는 지구 온난화 해결, 해양 보호, 생명 다양성 회복이에요. 2100년까지 지구 상승 온도 1.5도 이하로 유지, 2050년까지 온실가스 배출 제로, 2030년까지 일회용 플라스틱 사용 중단과 같은 구체적인 목표도 포함되었지요.

  이 협약은 법적인 효력은 없어요. 지키지 않는다고 벌을 받는 건 아니라는 뜻이에요. 그러나 많은 글로벌 패션 브랜드가 패션 산업이 만든 환경 문제가 심각하다는 것을 인정했다는 점에서 큰 의미가 있어요. 패션 산업이 환경 보호를 위해 한 걸음 내딛은 거예요.

지구 지킴이 패션 꿀팁

탄소 발자국을 줄이는 옷 사용 꿀팁

탄소 배출이 가장 많은 옷은 재킷과 청바지예요. 가능하면 중고로 구입하면 어떨까요?

세탁에서 발생하는 온실가스의 75퍼센트는 건조기를 사용할 때 발생해요. 세탁물을 자연 건조해 주세요.

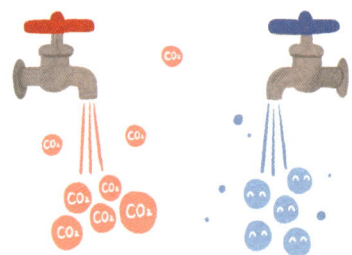

찬물로 세탁하면 따뜻한 물로 할 때보다 탄소 배출이 10퍼센트 줄어요.

옷을 수선해서 1년 더 입으면 탄소 발자국이 25퍼센트 줄어요.

중고 의류를 이용하면 탄소 발자국이 60퍼센트 줄어요.

옷 한 벌을 빌려 입으면 탄소 발자국이 30퍼센트 줄어요.

업사이클링 소품을 만들어요

선물용 포장 끈을 활용해서 나만의 마스크 스트랩을 만들어 볼까요?

준비물: 선물용 포장 끈, 똑딱이 단추, 바늘, 실, 가위

1. 끈의 한쪽 끝에 똑딱이 단추 한 개를 바느질로 달아 주세요.

2. 마스크 줄을 끼울 공간을 두고 끈에 나머지 똑딱이 단추도 달아 주세요.

3. 반대편 끝에도 똑같이 똑딱이 단추를 달아 주세요.

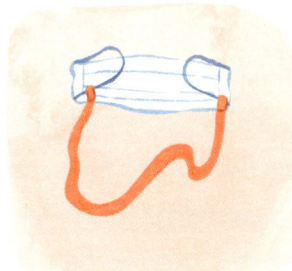

4. 마스크에 끼워 보세요. 완성됐어요!

선물용 포장 끈 말고도 사용하지 않는 예쁜 끈이 있으면 이용해 보세요.

6회
가난과 환경의 악순환

 공정 무역 패션이라는 말 들어 봤니?

 공정하다는 건 공평하고 올바르다는 뜻이잖아. 스포츠도 아닌데 패션에도 '공정'이 필요해?

 옷을 살 때 나에게 어울리는지 살피는 것도 중요하지만, 이 옷이 공정한 과정을 거쳐서 만들어졌는지 따져 보는 것도 중요해.

 아하, 옷을 만드는 사람들까지 고려하는 것이 공정 무역 패션이구나! 그럼 불공정한 패션도 있어?

 방글라데시의 어느 의류 공장에서 일하는 노동자들은 패션 기업의 요구에 맞추기 위해 쉴 새 없이 옷을 만들었지만, 일한 만큼의 정당한 대가를 받지 못했어. 이렇게 만들어진 옷은 불공정한 패션이라고 할 수 있지.

 옷을 팔아서 번 이익을 공정하게 나누지 않았구나. 정말 불공평해!

 옷이 많이 팔려도 정작 옷을 만든 사람들은 가난을 벗어나지 못하는 경우가 많아.

 공정 무역 패션을 이용하면 불공정한 일을 막는 데 도움이 되는 거야?

 그럼. 그래서 공정 무역 제품을 사는 일을 착한 소비라고 부르기도 해.

 공정 무역 패션은 환경에도 이로워야 할 것 같아.

 맞아. 공정 무역 패션은 옷을 만드는 노동자가 누려야 할 권리를 지켜 줄 뿐만 아니라 환경에 해를 끼치지 않는 것까지 모두 포함하고 있어.

그날의 이야기
방글라데시 라나플라자의 붕괴 사고

:: 점점 높아지는 무허가 건물

　방글라데시의 수도 다카의 외곽에 라나플라자라는 8층짜리 건물이 있었어요. 라자플라자는 원래 8층이 아니라, 6층으로 허가받은 건물이었지요. 그런데 라나플라자의 주인인 소헬 라나가 6층 위로 2개의 층을 무리하게 쌓아 올렸어요. 심지어 제대로 허가받지 않은 채 말이에요. 이때부터 건물은 곳곳에 금이 가기 시작했어요.

라나플라자에는 여러 개의 의류 공장이 있었어요. 매일 수천 명의 노동자들이 이곳에 출근해서 옷을 만들었지요. 노동자들은 날이 갈수록 선명해지는 건물의 금을 보며 불안에 떨었어요. 하지만 상황이 이런데도 소헬 라나는 건물을 보수하기는커녕 한 층 더 올리는 것이 아니겠어요?

9층 공사가 진행될수록 건물 벽은 눈에 띄게 갈라졌어요. 몇몇 사람들이 나서서 건물이 무너질 수 있다며 공사를 말리기도 했지요. 그러나 소헬 라나는 그 의견을 들은 척도 하지 않았어요.

:: 무너지는 라나플라자

2013년 4월 24일, 이른 아침이었어요.

"어서 사람들을 대피시키고 공사를 중단하시오!"

경찰이 소헬 라나를 찾아와 대피 명령을 내렸어요. 하지만 그는 경찰의 경고마저 외면했지요. 경찰이 다녀가고 잠시 뒤, 예견된 사고는 기어코 일어나고 말았어요.

오전 8시 45분. 건물이 와르르 무너지는 것은 순식간이었어요. 그 당시 라나플라자에는 수천 명의 사람들이 의류 공장에서 옷을 만들고 있었지요. 안타깝게도 그들 대부분은 건물을 빠져나오지 못한 채 건물 잔해에 깔리고 말았어요.

이 사건으로 다친 사람은 2,500여 명, 사망한 사람은 1,000여 명에 달했어요. 사상 최악의 붕괴 사고가 일어난 거예요. 커다란 건물이 주저앉아 아수라장이 된 현장에는 사람들의 비명과 울음소리가 가득 찼어요.

:: 방글라데시 의류 공장 노동자의 비극

왜 소헬 라나는 이렇게 무리하게 건물을 높였을까요? 사실 라나 플라자 붕괴 사고에는 가난한 노동자들의 비극이 담겨 있어요.

세계의 패션 기업들은 저렴한 비용으로 많은 옷을 만들려고 방글라데시의 의류 공장을 찾았어요. 방글라데시의 의류 공장에서 일하는 노동자들은 한 달에 겨우 4만 원 정도의 돈을 받으면서 매일 14~16시간씩 옷을 만들었으니까요.

낮은 임금으로 노동을 착취당하는 환경에 놓여 있으면서도 방글라데시 노동자들은 의류 공장을 그만둘 수 없었어요. 이 돈이라도

붕괴된 라나플라자의 모습 ⓒ연합뉴스

방글라데시 의류 공장 노동자들 ⓒTareq Salahuddin

벌지 않으면 온 가족이 당장 굶어야 했거든요. 심지어 의류 공장의 주인들은 이들의 절박한 사정을 이용해서 노동의 대가를 정당하게 주지 않았어요.

한편, 방글라데시 의류 공장을 찾는 패션 기업들이 늘어날수록 라나플라자의 주인인 소헬 라나 역시 욕심이 커졌어요. 라나플라자에 의류 공장을 더 짓는다면 더 많은 돈을 벌 수 있겠다는 생각이 든 거예요. 그래서 건물이 무너지는 순간까지 층수를 높였지요.

이렇게 패션 기업, 공장주, 건물주가 만든 굴레 속에서 의류 공장의 노동자들은 아무리 땀 흘려 일을 해도 가난에서 벗어날 수 없었어요. 위험한 걸 알면서도 가족의 끼니를 해결하기 위해서 매일 공장으로 출근할 수밖에 없었지요. 그러다 그만 끔찍한 사고가 일어난 거예요.

결국 많은 옷을 싸게 만들어서 이윤을 남길 생각밖에 하지 않는 사람들의 이기심 때문에 가난하고 힘없는 방글라데시의 노동자들이 귀한 목숨을 잃고 말았지요.

이런 문제도 있어요

빈곤 문제를 해결하면 환경도 지킬 수 있어요

콩고의 난민 캠프 ⓒJulien Harneis

아프리카 중부에 있는 콩고 민주 공화국의 고마는 아름다운 자연 풍경을 갖춘 세계적인 휴양지였어요. 그러나 고마 주변에 70만 명의 전쟁 난민이 모여 살면서, 1년 반 만에 울창하던 숲이 눈에 띄게 줄어들었어요. 난민들이 나무를 베어 갔기 때문이에요.

이들이 나무를 벤 것은 환경을 파괴하려는 목적이나 개인의 욕심 때문이 아니었어요. 먹고살기 위해선 나무를 베어 땔감으로 쓸 수밖에 없었거든요. 이런 상황이라 난민들에게 숲을 훼손시킨 책임을 물을 수도 없어요. 그들은 자신의 잘못 때문이 아니라 전쟁 때문에 어쩔 수 없이 낯선 곳에서 가난하게 살고 있으니까요.

숲이 사라지고 자연이 황폐화되는 것은 분명 안타까운 일이에요. 그렇기 때문에 지구에서 하루빨리 빈곤 문제를 해결하는 것이 곧 소중한 자연을 지키는 일이기도 하답니다.

사람과 환경을 지키는 공정한 패션

멋지다는 칭찬을 받으면 기분이 날아갈 것 같아요. 옷을 고르고 코디하는 데 쏟은 노력을 인정받은 거니까요. 그런데 옷을 만드는 누군가의 노력은 정당한 대가를 받지 못한다니, 정말 공정하지 않아요. 그들의 수고를 제대로 인정해 줘야 해요! 패션에도 페어플레이가 필요하겠군요. 이제 불공정하게 만들어진 옷에는 옐로우 카드를 줘야겠어요!

공정 무역 패션으로 노동자와 환경을 지켜요.

우미리: 의류 공장의 많은 노동자가 일한 가치를 제대로 인정받지 못한다니 안타까워요. 요즘에도 사람들이 손으로 직접 옷을 만드나요?

패션전문기자 알렉산드로: 요즘은 옷을 만들 때 자동화된 기계가 많이 쓰이지만, 기계로 대신할 수 없는 봉제(재봉틀 등으로 천을 박는 것) 과정은 여전히 사람의 손이 필요해요. 그러다 보니 세계의 패션 기업들이 개발 도상국에 있는 의류 공장에서 옷을 만드는 경우가 많아요. 개발 도상국은 임금이 낮기 때문에 저렴한 비용으로 옷을 제작할 수 있거든요.

우미리: 개발 도상국의 의류 공장 노동자들은 열심히 일해도 늘 가난할 수밖에 없겠어요.

패션디자이너 지나: 낮은 임금뿐 아니라 복지 혜택도 없고, 공장 안의 환경도 매우 열악하죠. 라나플라자 사고는 이런 문제들이 한꺼번에 폭발한 사례예요. 이 사고 이후 패션계에도 공정 무역의 바람이 불기 시작했어요. 실제로 라나플라자 사고 다음 해인 2014년에

는 공정 무역 패션이 차지하는 비율이 전년보다 5배나 상승했죠.

우미리: 싸게 만들어진 옷에는 개발 도상국 노동자들의 고통이 담겨 있었군요. 옷이 싸다고 무조건 좋아할 일은 아니라는 생각이 들어요. 그럼 공정 무역이란 대체 무엇을 말하나요?

패션전문기자 알렉산드로: 공정 무역은 말 그대로 '공정한' 무역을 말해요. 상품을 만드는 생산자에게 공정한 임금을 보장해서 빈곤 문제를 해결하고, 무역 과정에서 생기는 불평등 문제를 개선하려는 움직임이죠.

우미리: 공정 무역은 언제부터 시작되었나요?

패션전문기자 알렉산드로 : 1946년에 미국의 한 종교 단체가 푸에르토리코 사람들에게 옷감 짜는 기술을 가르쳐 주었어요. 푸에르토리코 사람들은 이 기술로 수공예품을 만들어 미국에 팔았지요. 푸에르토리코 사람들의 자립을 도운 이 일이 공정 무역의 시작이었어요. 푸에르토리코 사람들에게 옷감 짜는 기술을 가르쳐 준 단체는 텐 사우젼드 빌리지(Ten Thousand Village)라는 곳으로, 지금도 여전히 공정 무역 활동을 이어가고 있답니다.

아, 참! 1950년대 후반에 영국의 구호 단체인 옥스팜에서 중국 난민이 만든 수공예품을 팔았던 일도 공정 무역의 초기 역사를 말할 때 빼놓을 수 없지요.

옥스팜은 세계 곳곳에 가게를 열어 공정 무역 상품을 판매하고 있어요.

패션디자이너 지나: 개발 도상국 생산자들이 가져가는 이익이 지금보다 1퍼센트만 더 늘어도, 1억 명이 넘는 사람들이 극심한 빈곤에서 벗어날 수 있다고 해요. 공정 무역이 빈곤 문제를 도와줄 수 있는 방법인 거죠. 생산자의 이윤을 보장하고 자립을 돕는 방법으로 말이에요.

우미리: 겉보기엔 다 같은 옷처럼 보일지 몰라도, 이런 깊은 의미가 담긴 옷이 있다는 게 신기해요. 그렇다면 공정 무역으로 만들어진 옷인지 어떻게 알 수 있나요?

패션전문기자 알렉산드로: 국제 공정 무역 인증 기구(FLO: Fair Trade Labelling Organization International)에서 세운 공정 무역 기준에 맞는 상품에는 공정 무역 마크가 부착되어 있어요. 공정 무역 마크는 사람이 한쪽 팔을 들고 환호하는 모습이에요. 이는 공정 무역

공정 무역 마크

생산자의 희망을 나타내지요. 또한 배경의 파란색은 가능성을, 연두색은 성장을 의미해요. 현재 공정 무역 인증을 받은 상품은 의류, 액세서리, 커피, 초콜릿 등 32,000여 개로 다양해요.

공정 무역 향신료 ©Fairytale111

우미리: 저는 아직 공정 무역 인증 마크가 붙은 옷을 보지 못했어요. 우리나라에도 있겠죠?

패션디자이너 지나: 물론이죠. 우리나라는 2002년에 아름다운 가게에서 공정 무역이 시작됐어요. 주로 네팔과 인도에서 만들어진 수공예품을 판매하면서 공정 무역을 이용하자는 운동을 펼쳤지요. 2008년에는 우리나라 최초로 공정 무역 패션 브랜드 '그루'가 탄생했어요. 그루는 네팔, 방글라데시, 인도에 있는 여성 생산자들이 만든 옷과 가방 등을 판매하면서 그들의 자립을 돕고 있어요.

라꿍: 공정 무역 패션은 환경에도 좋은 영향을 주나요?

김군: 환경 보호와는 상관없지 않을까요?

패션디자이너 지나: 공정 무역 패션 인증을 받으려면 까다로운 과정을 거쳐야 해요. 공정 무역 기준에 맞게 운영되고 있는지 확인하는 절차가 필요하거든요. 그 기준 중 하나가 바로 환경에 어떤 영향을 끼치는지 살펴보는 거예요. 만약 옷을 만들거나 운송하는 과정에서 환경에 피해를 끼치고 있다면 공정 무역 인증을 받을 수 없답니다. 그러니 공정 무역이 활발하게 이루어질수록 옷을 사고파는 과정에서 환경이 입는 피해가 줄어든다고 볼 수 있겠죠.

패션전문기자 알렉산드로: 또 빈곤 국가에서는 생계를 위해 어쩔 수 없이 자연을 훼손하는 경우가 있어요. 염색 공장처럼 환경에 피해를 끼치는 시설이 많이 지어지기도 하죠. 또한 선진국들은 옷 쓰레기를 자신의 나라에서 처리하는 대신 힘이 약한 빈곤 국가로 보내 버린답니다. 만약 공정 무역을 비롯해 여러 가지 방법으로 빈곤 문제가 해결된다면 빈곤 국가의 자연이 파괴되는 일이 줄어들 수 있답니다.

우미리: 공정 무역 패션은 사람에게도 환경에도 꼭 필요하다는 생각이 드네요.

패션 키워드로 열어 보는
정보 서랍장

매년 5월 둘째 주 토요일에 열리는 세계인의 축제! [세계 공정 무역의 날]

이날에는 사람들에게 공정 무역을 알리기 위해 다양한 캠페인을 벌이는 세계적인 축제가 열려요. 2002년에 제1회 세계 공정 무역의 날이 열린 후부터 지금까지 이어져 오고 있답니다.

세계 공정 무역의 날에는 전 세계의 생산자와 소비자, 공정 무역 상점, 환경 단체 등 75개국 450여 개의 단체가 참여해요. 공정 무역 제품을 선보이고, 시식회, 연주회, 이벤트, 행진 등 각종 행사를 개최하여 사람들의 공정 무역 참여를 이끌지요. 물론 우리나라에서도 공정 무역 상품을 축제와 함께 만나 볼 수 있어요!

모두 함께 지켜요 [공정 무역 거래 10원칙]

공정 무역은 생산자, 노동자, 기업, 소비자가 모두 함께 지켜야 할 원칙들이 있어요.

1. 경제적으로 소외된 생산자를 위한 기회를 제공해요.
2. 정보를 투명하게 공개하고 생산자와 노동자의 의사를 존중해요.
3. 이윤만을 추구하지 않고 소외된 생산자의 상황을 고려해요.

공정 무역은 개발 도상국 생산자의 자립을 도와요.

4. 생산자에게 공정한 가격이 지불될 수 있게 현지 시장 상황과 물가를 고려해 가격을 책정해요.

5. 유엔 아동 권리 협약과 아동 고용에 관한 법률을 준수해요. 아동의 강제 노동을 금지해요.

6. 인종, 계급, 국적, 종교, 장애, 성별, 노동조합 가입, 나이 등에 관해 어떤 차별도 하지 않아요.

7. 안전하고 건강한 작업 환경을 제공하고 유지해요.

8. 학교를 건립하거나 노동 환경을 개선해 생산자의 역량을 키울 수 있도록 노력해요.

9. 국제 무역 시장의 문제점을 사람들에게 알려요.

10. 기후 변화에 대응하고 환경 보호를 위해 노력해요.

지구 지킴이 패션 꿀팁

나만의 패션 원칙을 만들어요

공정 무역 거래에도 원칙이 있듯이 지구 지킴이에게도 원칙이 필요하지 않을까요? 지구를 지키는 옷을 입는 나만의 원칙을 만들어 봐요.

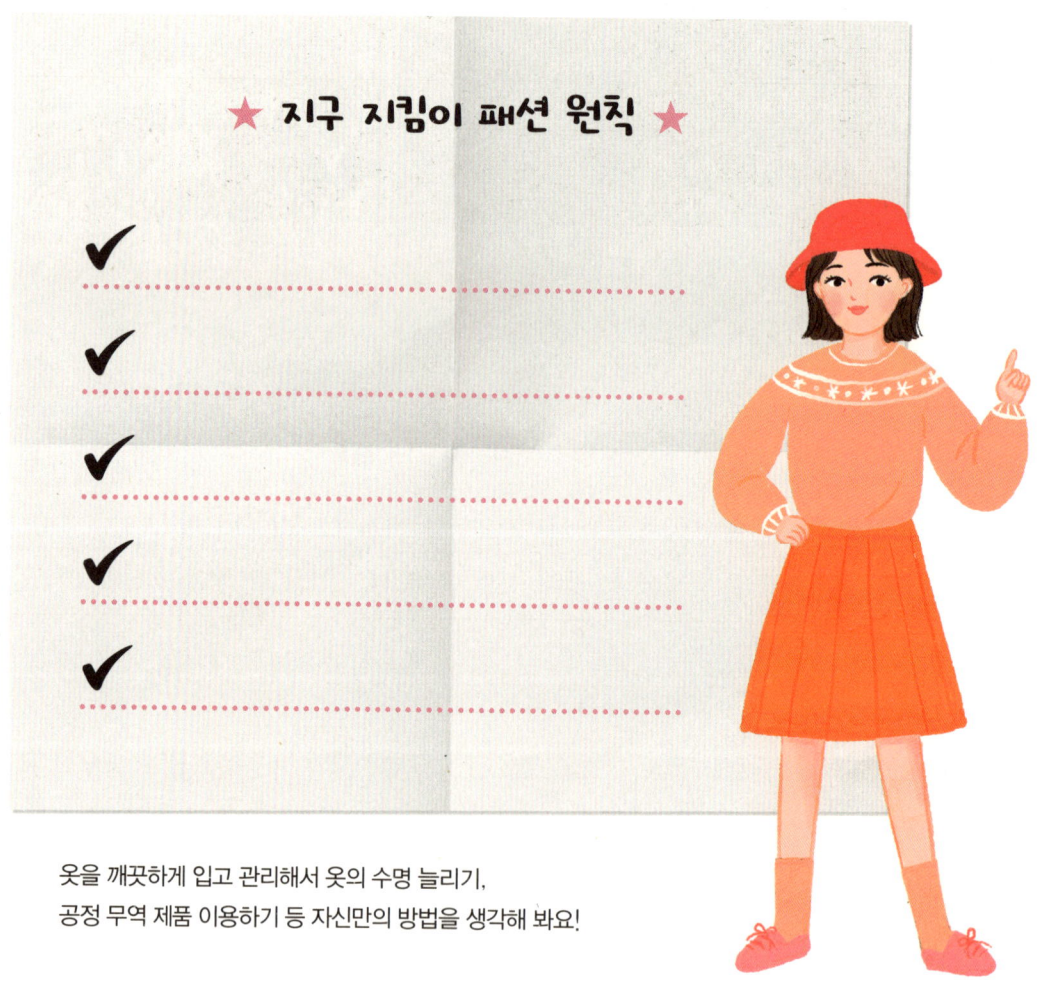

★ 지구 지킴이 패션 원칙 ★

✓ ....
✓ ....
✓ ....
✓ ....
✓ ....

옷을 깨끗하게 입고 관리해서 옷의 수명 늘리기, 공정 무역 제품 이용하기 등 자신만의 방법을 생각해 봐요!

공정 무역 패션 소품으로 꾸며 볼까요?

아직은 어린이가 입을 수 있는 옷이 많지 않아요. 하지만 예쁜 가방과 파우치 등 소품이 많아요.

공정 무역을 통해 만들어진 제품에는 공정 무역 인증 마크가 있어요.

털실로 짠 공정 무역 스웨터

공정 무역 가방

손으로 만든 공정 무역 목걸이

공정 무역 파우치

우리의 정성을 입어 주셔서 고마워요.

| 부록

우리의
단골 세탁소

:: 책가방과 에코 백 어떻게 세탁할까요?

한 학기가 지나고 방학이 됐으니 평소 쓰던 가방을 빨아야겠어요. 그런데 책가방과 에코 백을 세탁기에 그냥 돌리면 가방이 망가질 것 같아요. 어떻게 세탁하면 좋을까요?

• **책가방 세탁법**

모양이 그대로 유지되면서도 깨끗하게 책가방을 세탁하는 방법을 알려 줄게요. 깔끔해진 가방으로 다음 학기를 준비해 봐요.

1. 대야나 넓은 통에 따뜻한 물을 받으세요.
2. 중성 세제와 베이킹 소다를 넣고 섞어요.
3. 가방을 담가 조물조물 빨아요.
4. 잘 헹궈 주세요. 얼룩이 질 수 있으니 깨끗하게 헹궈요.
5. 가방 모양이 망가지지 않게, 가방 안에 수건을 넣어 모양을 만드세요.
6. 가방을 세탁 망에 넣어 세탁기에서 탈수시켜요.
7. 가방 모양을 잘 잡아 바람이 통하는 그늘에 말리세요.

• **에코 백(캔버스 천 가방) 세탁법**

환경을 위해 들고 다니는 에코 백은 거의 모든 가정에 있지요. 학원 가방으로도 많이 사용되고요. 예쁜 에코 백이 망가지지 않게 잘 세탁하는 방법을 알려 줄게요.

1. 미지근한 물에 중성 세제를 풀어 주세요.
2. 가방을 바닥에 놓고, 솔에 세제 푼 물을 묻혀 더러운 부분을 문질러요.

3. 흐르는 물에 빠르게 헹구세요. 바닥에 놓고 물을 뿌려가며 헹구면 돼요.

4. 손으로 짠 다음 탈탈 털고 모양을 잡아요.

5. 건조대에 거꾸로 걸어서 말리세요.

※에코 백의 캔버스 천은 세탁기에 돌리면 정말 쭈글쭈글해져서 원래대로 돌아오기 힘들어요.

:: 더러워진 운동화와 실내화를 깨끗하게!

흰색 운동화는 신을 때는 예쁘지만 금방 더러워져요. 실내화는 교실에서만 신었는데 언제 이렇게 꼬질꼬질해졌는지 모르겠어요. 깨끗하게 세탁하는 방법을 알려 주세요.

• **운동화 세탁법**

뚜껑이 있는 큰 플라스틱 통을 준비하세요. 비닐봉지는 한 번 쓰고 버리게 되니 환경에 좋지 않아요. 두고두고 쓸 수 있는 통이 좋겠죠? 운동화 세탁 전용으로 사용할 수 있는, 쓰지 않는 김치 냉장고 통이 있는지 엄마에게 여쭤보세요.

1. 큰 통에 따뜻한 물을 가득 담으세요.
2. 중성 세제 한 컵과 베이킹 소다 한 컵을 넣고 잘 저어요.
3. 운동화를 푹 담그고 뚜껑을 닫아서 운동화가 물에 뜨지 않게 하세요.
4. 30분 후에 운동화를 건져서 솔질해요.
5. 흐르는 물에 잘 헹군 후에 마른 수건으로 물기를 제거해요.
6. 운동화 안쪽에 수건을 넣어요. 운동화를 수건으로 감싸고 세탁 망에 넣어 탈수시켜요.

7. 운동화를 수건으로 감싸고 세탁망에 넣어서 건조기에 돌려 주세요!

※운동화를 건조기에 그냥 넣으면 건조기 통과 운동화가 부딪치면서 바닥 고무가 손상 돼요. 건조기에 있는 신발 전용 선반을 사용하는 게 제일 좋아요.

• 실내화 세탁법(EVA 압축 가공 실내화)

실내화도 깨끗하게 빨아서 사용할 수 있어요. 더럽다고 쉽게 버리지 마세요. 실내화 때는 세탁 세제보다 치약으로 더 잘 지워져요.

1. 칫솔에 치약을 묻혀서 실내화를 문질러 주세요. 수세미를 사용해도 좋아요.
2. 때가 많은 곳은 치약을 바르고 잠시 두었다가 닦으면 잘 지워져요.
3. 물로 깨끗이 헹구세요.
4. 발을 넣는 입구를 바닥으로 향하게 해서 말리면, 끝!

:: 옷에 묻은 얼룩을 제거하는 방법

얼룩이 지워지지 않아서 몇 번 입지 않은 셔츠를 버린 적이 있어요. 조심했는데도 옷에 아이스크림이 묻거나 떡볶이 국물을 흘리고, 풀밭에 앉았다가 옷에 풀물이 든 적도 있어요. 열심히 손빨래를 해도 안 지워지는데, 이를 어쩌죠?

옷의 얼룩은 성분에 따라 세탁 방법이 달라요. 또 세탁 세제가 모든 얼룩을 지울 수 있는 건 아니에요. 최대한 옷을 오래 입을 수 있게 조금 더 신경 쓰면 어떨까요?

• **비 오는 날 흙탕물이 튀었어요.**

- 일단 말리세요. 부분만 지우려다 얼룩이 더 번질 수 있어요.
- 흙탕물이 마른 다음에 흙을 잘 털어 주세요.
- 감자 단면이나 식빵을 이용해 얼룩을 문질러요. 감자와 식빵이 얼룩을 빨아들인답니다.
- 세탁 세제를 묻혀 손으로 비벼 준 다음 세탁기에 돌리세요.

• **흰 바지와 재킷 주머니에 핀과 명찰을 넣고 빨았어요.**

옷에 녹이 묻었군요? 녹은 산성에 약하기 때문에 구연산이나 식초, 레몬 등을 이용해 얼룩진 부분을 문질러 주세요.

- 과일 껍질을 이용할 경우 문지른 후 30분 이상 두었다가 닦으세요.
- 레몬 조각을 이용할 경우 얼룩에 물을 충분히 적신 다음 레몬 조각을 문지르세요. 옷이 노랗게 물들기 시작하면 바로 세탁 비누를 묻혀 비벼 빨아요. 안 그러면 옷감이 상할 수도 있어요.

• **코피를 흘렸어요.**

피가 묻으면 바로 세탁하는 게 좋아요. 그러면 금방 지워질 거예요. 단, 따뜻한 물은 혈액을 응고시키기 때문에 절대 사용하면 안 돼요.

- 피가 옷에 묻은 지 얼마 지나지 않았다면, 물을 묻히지 말고 주방 세제만 조금 묻혀 비빈 다음 찬물로 헹구세요.
- 과산화 수소를 이용할 수도 있어요. 얼룩에 붓고 살살 비비면 얼룩이 사라질 거예요.

• **초콜릿 아이스크림이 옷에 묻었어요.**

초콜릿은 지방 함량이 많아서 기름져요. 이럴 때는 벤젠이나 얼룩 제거제를 사용해 주세요. 주방 세제를 이용해도 좋아요.
- 물을 묻히지 말고 주방 세제를 얼룩에 조금 묻혀서 비벼요.
- 따뜻한 물로 여러 번 헹구세요.

• **김치찌개 국물이 튀었어요.**

김치찌개를 먹다가 국물이 튀었다면 바로 주방 세제로 지워 주세요. 묻은 걸 모르고 있다가 뒤늦게 발견했다면 양파즙을 이용하면 돼요.
- 흰옷일 경우에는 물에 담근 후 꼭 짜서 표백제를 칫솔에 묻혀 발라 주세요.
- 얼룩 부위 안팎으로 양파즙을 바르세요.
- 하룻밤이 지난 후 물로 씻어 내고 세탁해요.

• **풀밭에 앉았다가 풀물이 들었어요.**

식물성 얼룩은 일반 세탁 세제로 세탁하면 옷 색상이 변할 수 있어요. 식초와 주방 세제를 이용하면 산성 성분이 엽록소를 파괴하면서 얼룩이 지워지지요. 일반 세탁 세제는 염기성이기 때문에 풀물이 잘 지워지지 않아요.
- 주방 세제와 식초를 1:1 비율로 섞어서 얼룩에 묻혀 비벼요.
- 잘 안 지워진다면 한 번 더 반복해 주세요.

:: 가죽 제품을 오래 사용하는 방법

비싸게 주고 산 가죽 구두에 얼룩이 지저분하게 남았어요. 뭔가 좋지 않은 냄새도 나는 것 같아요. 가죽 가방은 장마철에 비를 많이 맞아서 그런지 이상해져 버렸어요. 비에 젖은 가죽을 어떻게 다뤄야 할지 모르겠어요.

비가 오는 날, 가죽으로 된 가방과 신발이 젖은 경험이 있을 거예요. 물에 가죽이 많이 젖으면 얼룩이 지저분하게 남고 오래 사용하기 어려워요.

가죽은 날씨에 영향을 많이 받아요. 가죽 구두를 구두약으로 닦아 놓으면 신발이 물에 젖는 것을 조금은 예방할 수 있어요. 습기를 제거하고 곰팡이를 방지하는 것은 숯이에요. 숯을 신문지에 싸서 옷장과 신발장에 넣어 두는 것도 가죽 제품을 잘 관리하는 방법이랍니다.

• 가죽 가방은 이렇게

- 부드러운 천으로 물기를 닦으세요.
- 통풍이 잘 되는 그늘에서 보관하세요.
- 가방 모양이 망가지지 않게 신문지를 최대한 구겨 넣으세요. 제습 효과도 있고 모양도 잡아 주지요.

※ 헤어드라이어로 건조시키거나 햇볕에 말리면 가죽을 너무 건조하게 만들어서 가방 모양이 틀어질 수 있어요.

• 가죽 신발은 이렇게

- 신발의 물기를 충분히 닦으세요.
- 신문지를 구겨서 넣고 통풍이 잘 되는 그늘에 말리세요.
- 신발을 세워 두기보다는 옆으로 뉘어 놓으세요. 신발 바닥의 물기가 더 잘 빠져요.
- 신발장에 오래 보관할 때는 녹차 티백을 신발 안에 넣어 두면 냄새를 없앨 수 있어요.

:: 보관만 잘해도 옷을 오래 입을 수 있어요.

가을이 되면 입으려고 옷걸이에 잘 걸어 둔 니트 어깨가 짝짝이가 되었어요. 다른 옷에서는 곰팡이 냄새도 나는 것 같고요. 엄마가 분명 세탁한 옷이랬는데 1년도 안 돼서 곰팡이가 피다니. 옷 보관을 제대로 못한 건가요?

좁은 공간에 옷을 빽빽하게 걸어 두면 옷감이 빨리 상할 수 있어요. 구김도 잘 생기고요. 옷 사이의 간격이 1~2센티미터가 되도록 여유 있게 걸어 주세요.

• **니트류**
- 니트는 옷걸이에 걸어 두면 늘어져요. 잘 개어 보관하세요.
- 어깨 부분이 뭉툭한 옷걸이를 이용하세요. 철사 옷걸이에 걸면 뾰족한 부분이 니트의 올을 나가게 할 수 있어요.
- 장마철에는 곰팡이가 생기기 쉬우니 옷과 옷 사이에 습기를 흡수할 신문지를 끼워서 보관하면 좋아요.

• **외투류**
- 드라이클리닝을 한 옷을 비닐에 싼 채로 보관하면 옷에 남은 약품 성분 때문에 옷감이 손상될 수 있어요. 비닐을 벗겨 보관하세요.
- 덮개를 씌우고 싶다면 부직포 커버를 이용하세요. 변색을 방지할 수 있지요.
- 패딩은 접어서 보관하세요. 오랫동안 걸어 두면 충전재가 아래로 쏠릴 수 있어요.

- **셔츠류**
  - 흰옷과 색깔 옷은 구분해서 걸어 두세요.
  - 단추를 잠가서 걸어 두면 모양을 잡아 주기 때문에 나중에 다시 빨거나 다림질하지 않아도 돼요.

- **바지류**
  - 주름선이 있는 바지가 아니라면 옷걸이에 걸지 말고 말아서 서랍에 보관하세요. 주름이 생기는 것도 막고 옷장 공간도 알차게 활용할 수 있어요.

∷ 안 입는 옷을 버리기 아깝다면 기부하세요.

세탁소에서 찾은 옷을 집에 가져가기가 두려워요. 특히 겨울에는 옷의 부피가 커서 옷장이 터질 것 같아요. 엄마는 안 입는 옷과 신발을 자꾸 쌓아 두기만 하는 것 같아요. 딱히 줄 사람도 없는데 말이죠. 하지만 버리기 아까운 게 많긴 해요. 좋은 방법이 없을까요?

세탁소에는 찾아가지 않은 옷이 많이 쌓여 있지요. 특히 겨울이 지나고 난 후 겨울옷을 맡기고 찾아가지 않는 경우도 많아요. 옷장의 공간이 부족해서일까요? 공간을 탓하기 전에 불필요한 옷을 쌓아 두지는 않는지 살펴보세요.
안 입는 옷은 버리지 말고 기부하면 어떨까요? 안 입는 옷도 정리하고, 환경도 살리고, 누군가에게 도움을 줄 수도 있지요.

- 아름다운 가게(https://www.beautifulstore.org)
  기부 물품은 전국 아름다운 가게 매장에서 판매되며 그 수익금은 국내외의 소외 이웃을 돕고 환경을 보호하는 데 사용돼요.

- 굿윌스토어(https://www.goodwillstore.org)
  기부 물품은 굿윌스토어 매장에서 판매되고 장애인 일자리를 만들어 주는 데 사용돼요.

- 옷캔(http://otcan.org)
  기부된 의류는 선별 과정을 거쳐서 국내에는 다문화 가정, 모자원, 유기 동물 보호소에 지원되고, 개발 도상국으로도 보내져요.
  또한 더 이상 재활용할 수 없는 의류는 새로운 옷이나 가방 등으로 재탄생할 수 있게 사회적 기업에 지원돼요.

※ 기부할 때 유의 사항
세탁해서 깨끗한 상태로 보내 주세요.
사용한 속옷이나 잠옷, 양말, 수영복 등은 기부를 받지 않는 곳도 있으니 미리 알아보세요.